政协恩施州委员会 | 丛书编著

恩施州传统村落
历史文化丛书

宣恩县
传统村落

政协恩施州委员会
政协宣恩县委员会 编著

华中科技大学出版社
http://www.hustp.com
中国·武汉

内 容 简 介

为促进恩施州传统村落保护,弘扬民族优秀传统文化,助推乡村振兴,政协恩施州委员会组织编纂了"恩施州传统村落历史文化丛书"。《宣恩县传统村落》作为丛书中的一本,详细记述了宣恩县传统村落基本情况以及村落文化遗产、自然遗产、历史事件、家族人物和传统产业。本书语言通俗易懂、简洁优美,并配以丰富的图片,兼具史料性和可读性,是研究宣恩县乃至恩施州民族历史文化的宝贵资料和宣传展示民族优秀传统文化的重要窗口。

图书在版编目(CIP)数据

宣恩县传统村落/政协恩施州委员会,政协宣恩县委员会编著. — 武汉:华中科技大学出版社,2021.11
(恩施州传统村落历史文化丛书)
ISBN 978-7-5680-7668-5

Ⅰ.①宣… Ⅱ.①政… ②政… Ⅲ.①村落文化—介绍—宣恩县 Ⅳ.① K926.34

中国版本图书馆 CIP 数据核字(2021)第 224075 号

恩施州传统村落历史文化丛书·宣恩县传统村落
Enshi Zhou Chuantong Cunluo Lishi Wenhua Congshu·Xuan'en Xian Chuantong Cunluo

政协恩施州委员会 编著
政协宣恩县委员会

策划编辑:	汪 杭 陈 剑
责任编辑:	汪 杭 陈 剑
封面设计:	刘 卉
责任校对:	张会军
责任监印:	周治超

出版发行:华中科技大学出版社(中国·武汉) 电话:(027)81321913
　　　　　武汉市东湖新技术开发区华工科技园　邮编:430223

录　　排:华中科技大学惠友文印中心
印　　刷:湖北新华印务有限公司
开　　本:710 mm×1000 mm　1/16
印　　张:16
字　　数:245 千字
版　　次:2021 年 11 月第 1 版第 1 次印刷
定　　价:998.00 元(共 8 册)

本书若有印装质量问题,请向出版社营销中心调换
全国免费服务热线:400-6679-118　竭诚为您服务
版权所有　侵权必究

丛书编委会

主　　　任：吴建清　刘建平
常务副主任：张全榜
副 主　任：曾凡培　刘小虎　谭志满
成　　　员：郑晓斌　卢智绘　曾凡忠　刘太可　黄同元
　　　　　　邹玉萍　田延初　张真炎　冯晓骏　郑开显
　　　　　　文　林
主　　　编：张全榜
副 主　编：曾凡培　冯晓骏
特邀编审：雷　翔　贺孝贵　刘　刈　董祖斌　刘　权

《宣恩县传统村落》
编委会

主　　　任：黄同元

常务副主任：李明然

副　主　任：黄玉贤　钟昌泽　陶　华　姚　敏　谢庆慧　蒋照国　谭志满　张连海

主　　　编：黄同元

副　主　编：李明然　黄世平

编　　　辑：张建平　吴明清　田长英　刘吉清　陈绍义　谭　文　吴荣棠　叶贵儒

恩施州传统村落的历史与文化

一

恩施有悠久的历史，早在石器时代就有了原始人的居住聚落。秦汉以后进入溪峒时期，溪峒既是地域特征描述，也是当地的社会组织称谓，相当于当时中原的郡县。但是，溪峒时期及其以前的人群聚落，生产生活方式以"游耕"为主，渔猎采集占较大比重，没有真正形成村落。

关于恩施农耕定居模式的明确记载始于唐代，《元和郡县志》记载，施州领县二（清江、建始）"开元户三千四百七十六，乡里一十六"。这些"乡"是定居农耕人群的管理组织，这种组织机构的建立是朝廷的社区管理进入长江沿岸、清江河谷地区，以及农耕编户聚落即村落形成的间接标志。宋代《元和九域志》记载，施州编户增至"主九千三百二十三，客九千七百八十一"，共19104户。

清江县十乡，建始县五乡，还有当时属归州的巴东县有九乡。两宋时期，巴东、建始、清江三县各乡里的农耕村落，与西南"寄治山野"的羁縻州有明显的体制差异，社会组织形态也有明显差异。经制州与羁縻州之间，还设有一批军事围困防守性质的寨堡，寨丁们亦农亦军。羁縻州的下属溪峒与寨堡只是村落的前身，都不是严格意义上的农耕村落。

  元、明及清初，恩施进入土司、卫所时代，只有巴东、建始二县的"乡里"仍然延续农耕村落的发展方式。原先的羁縻州与原属州县的寨堡，陆续分合形成朝廷认可的大小30多个土司。土司下设峒寨之外，也有部分设有"里"（农耕村落组织）。施州军民卫是明洪武后期合并施州的政权形式，保留了原有的市郭、崇宁、都亭三里，原有的农耕村落应该也有部分保留。施州卫、大田所广泛设置于今天恩施、利川、咸丰三市县的屯、堡组织，则是军垦性质的农耕聚落，明末清初逐渐转化为村落。

  清朝改土归流，流官政府建立，废除了土司政权及其基层社会组织，也废除了土司所有制，包括对当地百姓的人身自由的控制和对山林土地的占有。普遍设置适合农耕定居生产生活方式的"里甲"组织，革除土司"恶俗"，推行符合"礼仪"的民间制度。改土归流的政治、经济和文化改革，给恩施州农村社会带来空前的巨变，其显著特征是：原本存在于府县地区的乡里村落形式，在原本有很大差异的土司地区和卫所地区进行推广，各地村落的组织结构形态逐步趋同。这次社会变革的重要抓手是土地山林的私有化"确权"、无主荒地招垦移民和家族化浪潮。今天村落的形成大多源自这次社会变革，这也是恩施大多数现存传统村落的起点。

  恩施农耕社会传统村落的繁荣始于清朝道光、同治年间。据统计测算，当时恩施州内已有二十多万户一百三十余万人[①]，基本都是农业人口。传统村落数量没有进行统计，估算应该不少于一万个。譬如当时的恩施县，《恩施县志》（清同治版）记载，已有编户五万余户三十三万七千余人，分为三里二十五甲，下

---

① 恩施州志编纂委员会．恩施州志[M]．武汉：湖北人民出版社，1998．

设甲长一千六百五十七名、牌头四千七百五十九名。传统村落的繁荣延续超过百年,一直到1949年中华人民共和国成立。

二

中华人民共和国成立后的土地改革以及随之而来的农业合作化、人民公社运动,颠覆性地改变了传统村落的家族性社区结构,而依附于自然环境的农耕生活模式基本没变,传统村落的外部形态基本延续。

改革开放以来,我们在主动迎接全球化浪潮以求富足强盛的同时,也丢失了许多弥足珍贵的文化遗产。社会文化转型,尤其是在改革开放以来的工业化、城市化发展浪潮中,传统村落建筑及其自然生态、传统乡村生活方式及其文化生态受到极大冲击。我们在享受工业化、现代化成果的同时,却也对蓝天白云、青山绿水和传统文化造成了损害。在反思中寻找和复兴民族优秀传统文化成为全社会的共同追求。

恩施土家族苗族自治州交通相对闭塞,其自然环境和少数民族聚居的社会文化环境,使之产生具有独特生产生活方式和历史文化特色的传统村落。加之几乎与改革开放同步的少数民族自治地方建设及其民族文化抢救保护政策,恩施遭受社会变迁的冲击较缓、较晚,部分传统村落得以保存。尤其难得的是,在部分传统村落中,仍然保存着传统的农耕生产方式和生活方式。传统的人生礼仪、时令节庆仪式,少数民族历史、村落历史和家族历史及其人物故事仍然在传诵。

恩施州传统村落及其文化,曾经得到国内外民族学、文化学学者们的高度关注和赞誉,产生了许多学术研究成果;恩施州传统村落也曾引起文化艺术工作者们的浓厚兴趣,许多优秀作品被创作出来。恩施州传统村落还得到各地"驴友"的追捧;他们远离城市的喧嚣来享受山林乡村的寂静,体验别样的少数民族文化,追寻原始文化遗迹。可见,传统村落是我们的珍贵遗产,是复兴民族优秀传统文化和乡村振兴的重要资源。

三

国家主席习近平强调,"文化自信,是更基础、更广泛、更深厚的自信"。政协恩施州委员会把民族优秀传统文化复兴当作建立文化自信的重要表现,当作恩施州社会建设的重要内容。政协恩施州委员会长期注重本地各民族历史文化资料的收集保存和整理,在完成《恩施文化简史》等历史文化研究著作的撰写、出版之后,又组织各县市政协调查、研究全州尚存的古村落,撰写"恩施州传统村落历史文化丛书"。政协恩施州委员会认为,传统村落是在农耕文化发展过程中逐步形成的,体现了一个地方的传统文化、建筑艺术以及民风民俗,凝结着历史的记忆。对传统村落历史文化的深入调查研究和整理,有着十分重要的现实意义。传统村落是宝贵的文化资源,发掘利用传统村落能为恩施州的社会发展提供坚实的文化支撑;传统村落是地方的历史记忆和社会认知,保存和整理传统村落文化能够更好地满足全州各族人民的文化需求;传统村落还是恩施各族人民适应当地环境、利用地方资源的文化成果,深入挖掘、提炼和传承传统村落文化有利于树立文化自信,更好地建设具有自身鲜明特色的繁荣自治州。

恩施州传统村落的保护工作,开始于21世纪初。2009年,国家民族事务委员会与财政部开始实施少数民族特色村寨保护与发展项目,至2019年公示第三批中国少数民族特色村寨拟命名名单,恩施州辖内被选为"中国少数民族特色村寨"的有49个。2014年,国家组织制定传统村落保护规划,在先后公布的五批中国传统村落名单中,恩施州共有81个村落被列入中国传统村落保护名单。恩施州曾经拥有数以万计的传统村落,其中基本保持原貌和内部结构的村落仍有上千。从2018年开始,政协恩施州委员会会同八县市政协一起策划、编写"恩施州传统村落历史文化丛书",上述"中国少数民族特色村寨"和"中国传统村落"是本丛书主要选录的对象(两者之间有部分重合)。丛书选录并单独编写的代表性传统村落有98个,非单独编写的特色村落有83个。其中"中国传统村落"68个,约占据恩施州全部名录的84%;"中国少数民族特色村寨"30个,约占恩施州全部名录的61%。这说明有代表性和典型性是本丛书编写的一个重要特征。

这些传统村落大多远离城市，广布于恩施州八县市的山川密林之中。本丛书编写者一一调查寻访，对村落历史渊源与文化特征的描述不仅来自地方文献记录，更多来自编写者的实地观察探访和居民们记忆口述。这也是这套丛书编写的特征之一。

按照政协恩施州委员会的部署，各县市分卷都采用招标方式确定具体编写队伍，编写队伍大都由长期从事乡村研究的高校专业人员担任，由各市、县、乡文化专家共同组成编写班子。内容的专业性、作者宽广的视野，是这套丛书编写的又一特征。

四

恩施州的传统村落有多种类型，相互之间差异显著。差异产生的原因至少有以下几个：一是经历过不同的发展路径，其文化内涵的民族性、区域性有较大差异。二是处于不同的生态环境。恩施在崇山峻岭之中，河谷坪坝、高山草甸交错，气候物产各不相同，形成差异极大的生产生活方式及相应的居所结构和聚落形态。三是不同的民族文化传统。恩施州是多民族世代共居的共同家园，有世居于此的土家族，也有明末清初陆续迁入的苗族、侗族，还有明初迁入的卫所军户。不同的文化传统产生不同的生活方式，形成不同的民居建筑形式和特色聚落。四是不同的商贸和文化联系。恩施古代社会与外界联系主要依靠通航的河流和盐道，长江、清江、酉水、乌江，加上通向川东的盐道，与湖湘、川东以及贵州有较多的经济、文化联系。外界交往联系附带着人群的移动迁徙，也使相关区域的村落带有浓浓的域外文化特色。

这些多样性特征体现在传统村落的文化内涵之中。传统村落文化可以分为物质文化、制度文化和精神文化三类，具体表现为六种：

一是村落选址及其周边环境。不同民族对于环境与土地资源有着不同的认知。譬如土家族有着狩猎采集和游耕的传统，他们偏爱林间坡地。卫所军户大多来自长江中下游，又有武力支持，占据河谷坝子，建立屯堡。而侗族移民喜欢开发弯曲平缓的小河、小溪等小流域。自然环境不仅是村落文化得以发展的空间，也是村落文化的重要组成部分。

二是生产生活方式。传统村落社会的重要特点之一是自给自足，是在特定的环境空间中建立一个完整的生产生活系统。不同的民族文化传统与不同的地理环境相结合，形成村落各自不同的生产生活方式，这是村落文化生成的基础。传统村落不仅是人们的生活居住空间，还是他们的生产空间。

三是社区结构。传统村落的主体是人，村落成员扮演着不同角色。不同时代、不同民族文化传统、不同生产生活方式的村落，村落共同体的构成有差异。这种差异体现在村落成员的相互关系上，也体现在村落建筑的结构和分布上。

四是习俗体系。传统习俗是乡村社会的文化制度，起到传承历史记忆、规范言行举止和提供善恶准则的作用。主要体现在时令节庆和人生礼仪上，几乎无时无处不在的礼仪和禁忌，很能体现民族的历史文化传统。

五是宗教信仰。村落内部有自然神灵崇拜和祖先崇拜性质的民间信仰。具体表现为除思想观念的信仰外，还有仪式活动和举办仪式活动的场所。

六是文学艺术。主要表现为民间故事和歌谣，还有原本流行于市井的说唱曲艺等类型的民族民间文艺。由于当下社会对非物质文化遗产的重视，原本依附于各种仪式的民族、民间艺术成为传统村落的文化内容。

上述历史渊源和文化内涵，理论上普遍存在于各个传统村落之中。不过，社会发展与转型及其相应的城市化浪潮，已经不可逆转地发生在每个地区，包括文化遗存相对较多的传统村落。今天的传统村落更多只是历史的遗存。因此，我们能够挖掘和保护的历史文化传统，可能只是残缺的碎片，甚至只有历史记忆中非常短暂的片断。

五

如何再现传统村落的历史场景，讲好逐渐远去的传统村落历史与文化故事，是丛书编委会追求的目标。

对于已经选定的某个传统村落而言,首先是梳理村落形成、变迁、繁荣以及衰落的历史过程。不同的历史时期,不同的自然环境,不同的文化生态,会形成不同的村落形态,包括各种物质设施和文化制度。

其次是挖掘保护尚存的历史文化遗迹,包括物质和非物质文化遗产。对文化遗产,特别是民居建筑这类物质文化遗产,当地已经进行了比较全面的调查和保护。对于其他类型的物质文化遗产和非物质文化遗产,还有大量的工作要做。

再次是分析评估传统村落的文化意义价值,特别是时代类型和民族文化类型的代表性意义。评估其价值需要更加广阔的视野,需要站在整个区域甚至整个民族的高度进行评估。

最后是为珍贵的历史遗迹建立系统性的档案,并在村民中形成共识。这是对民族复兴和乡村振兴的文化支持,是保证宝贵文化资源得以开发利用必须要做的,也是进一步挖掘和更好地保护村落文化遗产必须要做的。

政协恩施州委员会长期关注民族历史文化的保护抢救,并充分利用人才优势,不断组织推动各种文化史料的编写出版,"恩施州传统村落历史文化丛书"就是众多成果的其中一项。希望借此为推动民族文化复兴尽一份绵薄之力,为推动乡村振兴贡献一份力量。

"恩施州传统村落历史文化丛书"编委会

2021 年 10 月

前言 Preface

我认真读完了《宣恩县传统村落》,掩卷后,感慨万分。宣恩县不仅有浪漫的绿水青山、浪漫的传统文化、浪漫的特色产品、浪漫的人文景观,还有浪漫的传统村落,这"浪漫"有成百上千年的历史。"庭院深深深几许,杨柳堆烟,帘幕无重数",这是千古名句,后人常用此诗词名句来形容中国古建筑的浪漫与延绵。宣恩县传统村落究竟"深几许"?留给身临其境的人们去思考与感悟吧!

宣恩县的传统村落基本形成于"康乾盛世"。彭家寨、小茅坡营村、大茅坡营村、野椒园村、庆阳坝村、伍家台村、两溪河村等传统村落都是这一时期从湖南、贵州等地迁徙而来的居民逐步建立和发展起来的。一个村落,少则一两个姓氏,多则六七个姓氏,他们因生活习俗的类似性、生产方式的互补性,以及人缘地域的共同性而择姓相居,自成一体,逐步发展,形成村(院)落,展现出"集体"的民族标志。传统村落的选址原则是因地制宜,不破坏生态,依山建寨,择幽而居。有的依山顺势,层层叠上;有的沿溪环谷,错落有致;有的背山占崖,居高临下;有的雄踞山巅,巍峨壮观。村落房屋的建造形式也多种多样:有"占天不占地""天平地不平"的吊脚式；有四方合围的天井式；有一正两横的"撮箕口"；有一正一横的"钥匙头"；有一字排开的单元式。这些村落坐落在绿水青山、茂林修竹的山环水抱之中，与周围的自然要素巧妙融合，犹如从大地中自然生长出来的一样，蕴含着人类与自然和谐相处的历史智慧。许多村落沐浴在"古树高低屋，斜阳远近山，林梢烟似带，村外水如环"的诗情画意之中。

有人说，传统村落蕴藏着丰富的历史信息和文化景观，是中国农耕文明村落民居的"活化石"。这话确实很有道理。正因如此，我们根据政协恩施州委员会的统一安排和部署，认真组织编撰《宣恩县传统村落》一书。十多名编撰人员，大都是退休老同志，有几位已步入喜寿之年。编撰人员以实事求是的态度，按文史资料的编写风格和政协恩施州委员会制定的框架要求，不畏严寒酷暑，行走于崇山峻岭之中，寻找知情人，采集挖掘传统村落资料，考察传统村落现状，记录文字，拍摄图片。有的资料还要查阅历史文献，核实其准确性。初稿形成后，几易其稿。正是编撰者不畏艰难的奉献精神，才有这本厚重的《宣恩县传统村落》。我们从《宣恩县传统村落》的字里行间，既可感受到传统村落的古典与优雅，又能领略到编撰者的责任与担当；既可听到传统村落最自然、最亲密的乡音，又能体验到编撰者散发的那种熟稔的人文情怀。书中的每一段话无不凝聚着编撰者的心血和汗水。

传统村落是不可再生的宝贵遗产，也是潜在的、极具开发价值的旅游资源。每个村落都有自己的特色：有的气势恢宏，豪放粗犷；有的人烟稠密，商旅辐辏；有的充满诗意，精雕细琢；有的形散神聚，散落有致。还有那独特的建筑风格、悠久的传统文化，充满地方风味的农副产品和民族特色的节庆活动，把它们与山清水秀的田园风光结合在一起，是发展旅游产业得天独厚的资源，是"浪漫宣恩"的又一大亮点。

传统村落是先祖传承的历史印记。由于各种原因，许多村落已经消失，有的村落正处在消失的危机中，对此，我们负有保护责任。编撰《宣恩县传统村落》，对保护民族遗产、保持传统风貌、传承族群文化、发展乡村旅游、实施乡村振兴战略、推进农业现代化进程和生态文明建设将起到不可忽视的重要作用。在《宣恩县传统村落》即将付梓之际，写下寥寥文字，抒发心中感受，仅表祝贺之意和共勉之情。

黄同元

2020 年孟冬

（作者系政协宣恩县委员会主席）

《宣恩县传统村落》编辑说明

  恩施州传统村落历史文化丛书内容丰富、驳杂。《宣恩县传统村落》作为其中的一本，既秉承恩施州传统村落历史文化丛书统一的风格体例，又具有自身特色的一面。本书以习近平总书记关于弘扬中华优秀传统文化的重要论述为遵循，深入挖掘宣恩县传统村落历史文化。政协宣恩县委员会在政协恩施州委员会的统一安排下，组织编纂了本书。对于书中的情况，做出如下说明。

  1. 本书关于村落的面积、人口等统计的数据如无特殊说明及特别指定，一般为截至2019年的数据，由各村村委会提供。

  2. 本书在编写时，统一了各种度量单位，纪年一般采用公元纪年的方法，有些笼统的时间采用了年号纪年的方法，如小茅坡营村发端于清代乾隆、嘉庆年间。面积采用市制计量单位，长度采用国际通用计量单位。

  3. 书稿中的人物主要根据历史年鉴资料民间调查获取的一手资料而来，入选标准为自明清以来出现的科举官员、革命烈士、地方头面人物、地方名人、能工巧匠、非物质文化遗产传承人等。

  4. 书稿中的地名最新称呼，旧称呼都加了说明。书稿中的图片拍摄时间为

2018年至2019年。

5. 本书的编纂涉及民间调查、资料收集整理和文字编撰工作，具体分工为：吴明清负责长潭河侗族乡两溪河村（卢家院子）、白果村，高罗镇板寮村和万寨乡伍家台村；张建平负责晓关侗族乡野椒园村、高罗镇小茅坡营村和珠山镇宝塔村；田长英负责沙道沟镇两河口村（彭家寨）、高罗镇大茅坡营村和李家河镇中大埫村；张连海负责椒园镇庆阳坝村；刘吉清和陈绍义负责椿木营乡杨柳坨村。

目录 Contents

概述 1

走近 9

庆阳坝村——百年繁华凉亭街 10

两河口村——人间幸有彭家寨 24

两溪河村——仙山脚下曜明珠 35

野椒园村——人间秘境藏晓关 51

白果村——侗乡深山藏古寨 70

大茅坡营村——农耕文明赓续传 84

中大塝村——川盐东运成古道 91

小茅坡营村——湖北苗语第一村 102

伍家台村——贡茶一脉润古今 ……………………………… 119

板寮村——老街古韵育文明 ………………………………… 132

宝塔村——巍巍宝塔屹珠山 ………………………………… 148

杨柳坨村——高山沃土风物异 ……………………………… 163

遗珍 …………………………………………………………… 181

参考文献 ……………………………………………………… 230

后记 …………………………………………………………… 231

概述

/Gaishu/

宣恩县传统村落主要指宣恩于明清以来尚存的古民居村落、建筑。其中保存得比较完整的以庆阳坝、两河口、野椒园、大茅坡营、小茅坡营、板寮、两溪河等最为典型。宣恩县传统村落的形成，在地域环境、表现形态、历史文化诸方面具有鲜明的特点。

宣恩是以土家族、苗族、侗族、汉族为主的多民族融合聚居的地区。文化内容丰富多彩，民族风情淳朴浓郁。截至2019年6月，宣恩县已有15个村获"中国传统村落"命名，分布在7个乡镇，分别为：沙道沟镇（3个）、高罗镇（3个）、晓关侗族乡（3个）、椒园镇（2个）、长潭河侗族乡（2个）、李家河镇（1个）、万寨乡（1个）。

乡土建筑是一种随着人类社会发展而传承发展下来的古老建筑，是特定的民族与特定的当地文化相互作用的产物。它作为一种特殊的建筑形式，既是一种实际存在的物质，又代表了一系列与之相关的文化，是当地的居民自行设计与建造的产物，与当地的自然资源、风土人情、生活生产方式、文化活动紧密相连。卧枕青山、怀拥碧水，远观可以心胸坦荡，近察能赏心悦目。这是宣恩县传统村落的一大特色。

宣恩先民很早就认识到地理环境对人类居住的重要性，"欲研经史，穷究地形"。人们要依附环境、利用环境，这些观念应用在居住方面，表现为择幽而居的思想。土家族爱群居，爱住吊脚木楼。吊脚楼依山而建，建房都是一村村、一寨寨的，很少单家独户。所建房屋多为木质结构，小青瓦，花格窗，司檐悬空，木栏扶手，走马转角，古香古色。无论村落大小，无论处于山川坪坝，都十分讲究天时、地利的运用。村落选址非常强调枕山傍水，前方视野开阔的理想空间模式；强调山势水脉对居住的影响，依山就势，均衡布局的处理；讲究避风和安全防御的需要，更重要的是满足心理安全感，还要观山势之形定吉凶；讲究入水口出水口和谐，便于生产生活，卧枕青山、怀拥碧水，这是"天人合一"思想在宣恩县传统村落布局上的体现。与之相呼应的有椒园镇的庆阳坝村凉亭街、水田坝村，晓关侗族乡的野椒园、骡马洞村，沙道沟镇的两河口村彭家寨、药铺村，高罗镇的板寮、清水塘村，长潭河侗族乡的两溪河村、白果村黄家寨、陈家寨、岩寨等。村寨的房屋建筑多数为正屋三间，也有一正一厢房、一正两厢房，有厢房的多配有吊脚楼。正屋中间为堂屋，是供奉祖先神位的地方，最为尊贵。堂屋两边的正房（耳间）多为家长和成家子媳的住处，通常隔成前后两间，前面一间为火铺，后面一间为卧室。正屋两头配有偏檐，为厨房所在地。若是一正一厢房或一正两厢房的，转角处为厨房。厢房建成吊脚楼，楼上住人，楼下放置生产生活用具或用以饲养牲畜等。

宣恩吊脚楼，大体相同，略有差异。侗族的吊脚楼大多傍山临水，一楼悬空部分主要用于防潮隔湿。土家族的吊脚楼可平地起楼台，一楼的架空层多用于饲养牲畜，堆放杂物。

全实木的吊脚楼，在水泥砖混结构风行的小洋楼世界里，殊为难得，也成为人们争相一睹的稀罕景致。这也让晓关侗族乡的野椒园村、长潭河侗族乡的卢家院子，乡村旅游越来越旺。

聚族而居是宣恩县传统村落的又一大特色。仅以土家族、苗族、侗族较大宅院为例。

彭家寨　位于沙道沟镇龙潭河畔，全寨50多户近300人，皆为彭姓，均系土家族。彭家寨是武陵山区土家聚落的典型选址。彭氏家族迁徙时看中此地，以吊脚之高低来适应地形之变化，时光推移，经过几代人的创造建设，终形成今日集土家吊脚楼形体美、空间美、层次美、轮廓美的吊脚楼群。彭家寨以其完美、集中的吊脚楼群而享誉中外。

小茅坡营苗寨　远古时期，苗族先民聚居在黄河下游，其部落首领是蚩尤。据传说，黄帝借助天神擒杀蚩尤，苗族人为了生存，被迫不断向南和西南地区迁移，自平原越丘陵，辗转进山，"入山唯恐不深""入林唯恐不密"，在高山密林中寻找落脚之地。小茅坡营苗族人于清代乾隆、嘉庆年间，相继从湘西、黔东北迁徙而来，已有200多年历史。他们以进入小茅坡营先后顺序呈阶梯形分布在海拔650～1100米的高地。龙姓最先迁入时茅草丛生，他们认为此处可以安营扎寨，取名为小茅坡营。龙、冯、石、孙、杨五姓相对集中居住在四个区域，形成龙、冯、石三大寨子。住房多为吊脚楼，木质结构为主，也有砖木结构，不拘一格。由于苗族几个姓氏相邻居住，长期交往，相互通婚，聚族而居，不仅都说苗语，还保留着相对完整的苗族语言、本民族的服饰风格及纯朴的苗族风俗。从衣食住行到农耕、狩猎、捕鱼、节庆、歌舞、婚庆等社会生产生活各个方面，保存了苗族传统文化的基本特征。

大茅坡营侗寨　地处武陵山余脉和大巴山余脉交汇的东门关群山中的大茅坡营，村寨依托的界山成圈椅状，面向东南，把上寨和下寨两大片区环抱在胸腹。有三条溪沟和发源于黑槽湾的小河从寨脚下流过。村寨居民为清代乾隆年间，湖南吴、张、骆、姚、蒋、林、谢七姓人结拜为兄弟后，沿酉水而上进入此地。他们见此地较高，阳光充足，气候宜人，很适合居住，于是定居下来。因山下已有叫小茅坡营的，于是他们就将自己居住的地方叫大茅坡营。这里有沿用至今保存完整的古朴吊脚楼群，有大面积的稻作梯田，农耕文化深厚，自然风光秀丽。

野椒园侗寨 由张氏侗寨和杨氏侗寨组成，两寨相距约500米，中有古道相连，隐藏于青龙山的腰腹两侧，被称为"人间秘境"。寨内"四合水天井"式吊脚楼建筑群鳞次栉比、布局紧密、保存完整，建筑艺术独具特色，文化资源非常丰富。建筑文化、宗教信仰、民风民俗、音乐歌舞、语言服饰、作坊工艺等，是研究中国南方少数民族历史文化的活化石。

宣恩是一个多民族的县，各民族的历史源远流长，在历史文化方面，各民族也各具特点。

土家人是古代巴人的主体后裔。千百年来，土家族先民在巴国这片广袤的土地上生息繁衍，于漫长的历史长河中，以其坚韧不拔的民族意志、富于开拓的民族精神和勤劳勇敢的民族智慧，创造了地域色彩鲜明、民族特点突出的土家文化，为武陵山区的开发与发展做出了巨大贡献。

1976年，猫儿堡大队二小队满元康在劳动中意外发现一处古墓葬，他们兄弟和参加劳动的几个人在墓中挖掘出了一些黄金饰品，有金钗、金簪、金凤凰等近20件。经过文物专家考证，这处墓地埋葬的是明代覃氏土司，六世祖覃大胜的三品诰命夫人。出土的这些物件有她的金凤冠和八枚戒指。

从1949年至今，县城近郊古墓葬被挖掘四次。第一次是1958年，有人在猫儿堡"金子洞"西10米处，挖出金凤冠一顶。第二次是1975年，在宝塔山麓凌云路南叫老虎沟的地方，农民李世念在自家屋角菜园地里挖土，发现了一座被盗过的大石棺，后经文化部门清理，出土了一个银碗和一块墓志铭石碑，证实这座墓葬就是施南十一世土司覃兴亮的坟墓。1978年，城东三河沟农民陈朝柱在挖树蔸时挖出一件虎钮錞于，它是古代巴人的军乐器。1985年，猫儿堡农民覃遵三在责任地挖苕，挖出金银器39件。经专家考证，早在战国时代宣恩就有了巴人活动。1986年，经过第二次全国文物普查后，将猫儿堡施南土司墓群定为州级文物保护单位。

除了古墓葬，一些民俗文化也深刻地反映了当地人丰富的生活内容和独特的生活状态。

三棒鼓，是流传在湘鄂西一带，为人们喜爱的综合性民间曲艺。2011年5月，被列入第三批国家级非物质文化遗产名录。为保护传承，宣恩县决定在各乡镇开展三棒鼓民间普及推广活动，已在李家河、高罗、沙道沟等乡镇建立20个传承培训基地，并将这一曲艺纳入当地中小学选修课程中，以抢救这一民间艺术。

八宝铜铃舞是土家族民间的一种传统舞蹈，又名"解钱"，是老土司祭祀时起舞的一种歌舞形式。唱词以"竹枝词"的形式构成，是研究土家族文化历史的活化石，具有极高的艺术价值和宗教价值，是湖北省西南少数民族聚居区珍贵的非物质文化遗产。2007年6月，八宝铜铃舞入选湖北省第一批省级非物质文化遗产名录。沙道沟镇被湖北省文化厅命名为"湖北省民间文化艺术之乡（八宝铜铃舞之乡）"。2008年12月，土家族八宝铜铃舞的第20代传人田宗堂被湖北省文化厅公布为湖北省第一批省级非物质文化遗产项目代表性传承人。

哭嫁，是土家族古老的婚嫁习俗。椿木营乡、长潭河侗族乡、万寨乡称其为"十姊妹歌"，其他乡镇叫"哭嫁"。这一习俗较好地保存了土家族原生态文化，传承了极其厚重的民族文化基因，2009年被列入湖北省第二批省级非物质文化遗产名录。

丧歌，又称打丧鼓，是土家人的丧葬习俗。土家人把死亡视为"升天"，谓之"白喜"，有"欢欢喜喜办丧事，热热闹闹送亡人"之说。

"摆手舞"是流行的古老的集体舞，也是土家族最隆重的风俗活动。在舞蹈仪式上，唱起摆手歌，做出与狩猎、军事、农事、宴会等相关的70多个动作，祭祀祖先，乞求丰收。"摆手舞"一般在农历正月初九或三月初三，选阴历单日开始，持续的天数也是单数，如三天、五天、七天，参加的人数有上万人。它节奏鲜明，动作优美、朴素，有浓郁的生活气息。

薅草锣鼓，也叫"山锣鼓"。据记载，土家族人"耕种田土，每换工交作。夏时耘耨，邀多人并力耘之。选善唱田歌者，鸣锣击鼓，一唱一和，谓之打锣鼓"。薅草锣鼓是用以鼓动劳动者气势、消除疲劳的一种音乐与诗歌相结合的民间艺术形式。打击乐器有鼓、钹和马锣。打击节奏明快，演唱的歌词通俗易懂，押韵合辙，乡土气息浓郁，多年来深受农民喜爱。

滚龙连厢历经半个多世纪，以其活态传承的多样而有效的形式，成了宣恩县乃至恩施州民族民间舞蹈的代表性作品之一。2009年6月，滚龙连厢列入湖北省非物质文化遗产名录。

宣恩保存至今的传统古村落、古民居、古文化是祖先留给后人的一本无字的历史书卷，是千百年来传承给我们的一种深厚的人文精神。它给我们的最大启示是人与自然、人与人要互相尊重、和谐共处，传统文化中的优良审美观念、审美趣味、审美情操，值得我们珍惜，我们要继承并发扬光大。

走近

/Zoujin/

庆阳坝村

——百年繁华凉亭街

庆阳坝村位于椒园镇西北约10千米处，距宣恩县城约18千米。庆阳坝村始建于清乾隆年间，老街的古街道长约561米、宽约21米，总面积约11781平方米，在清朝和民国时期是湘、鄂、川、黔四省的边贸中心。老街房屋多为穿斗式结构，楼高2至3层，形成三街十二巷。临街为燕子楼，背水为吊脚楼和侗族凉亭，两者构架于一体，是恩施少数民族建筑智慧的结晶。庆阳坝村的建筑极富民族特色并保存较好。庆阳坝村为宣恩茶区的始发地，其茶路是中国万里茶道的一条重要支线。庆阳坝村丰富的人文历史和自然资源，在研究西南少数民族地区政治、经济、文化、生态中具有独特的地位和作用，是研究土家族建筑文化、运输文化、商贸文化、集镇文化不可多得的标本。

2008年，庆阳古街被公布为省级文物保护单位。2010年，古街所在的庆阳坝村入选"中国历史文化名村"（如图）。2012年，庆阳坝村入选"中国传统村落"名录。2012年10月19日，央视国际频道在《远方的家》栏目第82集中，展示了庆阳坝凉亭街的土家民族风情。2016年，庆阳坝村被命名挂牌为"中国少数民族特色村寨"。2019年，庆阳坝村被评为"国家森林乡村"。

庆阳坝被评为"中国历史文化名村"

一、村落概貌

庆阳坝四周高山环绕，坝地开阔，溪流汇集，物产丰富，紧邻209国道、椒石省道和恩来、宣黔高速。庆阳坝有史以来为商业重镇，土家族、苗族、汉族、侗族杂处，有"五凤朝阳""双龙朝阳""三口锅""坳对坳""口对口""老鹰岩"和"望乡台"等自然景观，以及"凉亭街""关帝庙""福寿山寺""戏楼""一里四拱桥""古墓葬""寿生桥"等历史文化景观，自然景观和人文资源丰富。

庆阳坝地处武陵山余脉，是源自土皇坪的溪流和六角坡的溪流冲积而形成的平原，地势开阔，坝型为椭圆，状如盆地。群山环抱，自然景观丰富，人文特色显著。东南西北依次为倒角山、福寿山、凤景山、三水塘山，四条山脊蜿蜒曲折，脉势朝东，其中丝栗堡峰山形如磬，有洪鸣金磬传说。加之两条山溪，在庆阳坝集镇凉亭街汇合，呈"双龙合体"之状。庆阳坝彩阳闪辉，磬口迎丹阳，谷穗喜朝阳，茶叶浴喜阳，人庆太阳，故名庆阳，四山护田坝，合为庆阳坝。因为有这样的山水，才孕育了庆阳坝自古以来的商贸繁荣和人文荟萃。

庆阳古盐道最早兴盛于北宋真宗年间，承担着"川盐销楚"的职能。它源自重庆西沱镇，过齐岳山到恩施市芭蕉乡的桐子坳，或由巫溪县南陵山道从建始而来，到宣恩庆阳坝。运输者在凉亭街歇脚，出庆阳坝到水田坝岔行至椒园，再过县城、干沟塘、茅坝塘，翻过"千层石磴盘云矗"的东门关到板寮，经古称"歌罗驿"的高罗、沙道沟的两河口进入湖南龙山县的石牌洞。另有一条骡马大道由庆阳坝—水田坝—凉风洞—倒洞塘—桐子营—卧犀坪，过麻阳寨—车子口—李家河的象鼻沟—凉水井进入湖南龙山县的猫儿寨。两条大道在清末民初分别被命名为"盐花大道"和"骡马大道"。

二、历史沿革

庆阳坝地处交通要道，是古驿站。凉亭街（见图）建设发端于宋代，原名太平街，繁荣于明、清至今。现存房屋建筑复建于清末至民国年间。清乾隆十三年（1749）将驿站扩建为集市。凉亭街以广纳百川之姿，集当时天时地利人和，货物流通，贸易繁盛，以"经济枢纽"而雄踞武陵山地区的边贸集市。临街为"燕子楼"，背水为"吊脚楼"，属木质结构的凉亭式古街。它依山傍水而建，有木质瓦房65栋，为穿斗式结构，五柱四骑到八柱七骑，二三层不等。两排房子间隔5米相对而立，交错排列。整条街檐搭檐，角接角，首尾相连，穿斗式结构一贯到底。顶篷建檐亭遮阳挡风避雨，檐处设"笕槽"排水、防火。主街在中段岔行一分为二,形成"三街十二巷"。街面,巷道集土家吊脚楼和侗族凉亭构架于一体,以桥梁式贯通,是恩施少数民族建筑智慧的结晶。

凉亭街巷

　　庆阳坝是少数民族聚居地。以土家族、苗族、侗族为主体,融汇其他民族形成的凉亭街居民,有传统手工业者、医学世家、官宦之家和商业旺族。该地民风淳朴,街民恪守商业道德,讲求商业信誉,共同维护着凉亭街"市场经济"的长久繁盛。

　　庆阳坝和水田坝首尾相衔,覃氏土司曾建"行宫"于落水洞旁覃家院子。宋代"以盐易粟",当地开始商贸活动。到土司时期,有了固定的交易场所,庆阳坝凉亭街成为宣恩古老集市之一。相对集中的民众,土特产、上贡和回赐的物品,为凉亭街长久繁盛进行着人口和物资储备。

凉亭街在历史上持久繁荣，除拥有"天时"和"人和"外，还因它占据着具有战略意义的交通区位。很久以前，宣恩椒园就是湘、鄂、川三地的交通枢纽，在过去的千余年时光里，庆阳凉亭街是三地商贸活动的中转站。

斗转星移，在社会主义现代化建设的今天，贯通宣恩南北和东西的公路避开庆阳凉亭街，其交汇点在古集市东，昔日繁华的凉亭街得以赋闲，独具特色的古建筑因此保存较好。

时间的流逝带走了庆阳坝村古街的繁华，但是以另一种形式赋予它民族的特点和文化的延续。如今的老街基本属于前店后居的形式，店面通常不大，有电器行、茶叶行、理发店、副食店、药店、牲猪行以及小超市等，加上庆阳坝村特有的古老风景，吸引着不少游客的目光，在此背景下，小旅店也顺应而生。每当有旅客前来庆阳坝村观览风景，总能够在小旅馆木楼的咯吱声中，感受到属于古老村落的宁静和魅力。每当碰到庆阳坝村赶场的日子，不少中年人都会很早从山上采集野荞菜，掺上糯米和芋茨，做成荞麦粑粑，然后拿到庆阳坝村的街道上售卖。这种荞麦粑粑是庆阳坝村独有的风俗食物，软糯香甜，回味无穷。

山里人赶场，往往是一种购物的活动，同时也是一次休闲的出行。站在庆阳坝村的古街之中，随处可见山里人赶场的盛景，村里及相邻其他村落的村民都会挑着箩筐从四面八方赶至此地，古老的街道瞬间变得热闹。刚出炉的包子、香气四溢的炸货、色彩诱人的豆腐和卤菜以及新鲜的瓜果挤满了古街的每一个角落。通常赶场的人都相互认识，他们彼此聊天，互相售卖食品。这个人买了一些东西，还会介绍客户去认识的人那里买其他一些东西。在进行售卖的过程中，他们也会喝上一杯小酒，要上一碟小菜，不在意金钱财物，只看重交流交往过程，有的甚至会喊上自己的孩子和配偶，一起谈天说地，颇有一种云淡风轻的气韵。

庆阳坝于宋朝开始兴建，元朝时期隶属于镇边万户总管府，明朝转为施南土司管辖，清雍正时期开始实行土司变流官的政策，设立宣恩县，隶属于施南里直接管辖。

早在土司时期，庆阳坝集市就已粗具规模。集市原来叫太平街，两岔河上建有石拱门，因而叫太平桥。1923年，庆阳坝神兵曾与曾栋庭发生过冲突，神兵放火烧了他的房屋，殃及当地四十多户居民，仅留下关帝庙完好无损。当地百姓认为太平街并不太平，又因庆阳坝凉亭桥有名，遂改名凉亭街。每逢农历"二、五、八"日赶场，一个月有九日赶场，十分繁华，赶场习俗延续至今。

凉亭街齐集"三十六行"，从衣食住行到码头会馆应有尽有。当时商贩川流不息，马帮和骡帮成群结队，专卖骡马草料的街民达四五户，一天十几个屠夫杀猪，平均每天需六七十头猪满足供行商坐贾消费。码头、机帮、屠户业、裁缝铺、大户等团体邀请李家河的田浩然"南剧团"演戏，每次长达几个月。

凉亭街不仅仅是经济服务的"驿站"，它所依托的庆阳坝村盛产茶叶，当地生产的"宜红茶"在国内外享有盛誉，经凉亭街集市"淘洗提炼"的品牌茶，被不辞辛劳的挑夫班子源源不断地运往各地。民国时，庆阳坝办"中央直属企业"——更生茶厂，制"龙井""炒青"，做"玉绿茶"（后改为"庆阳玉露"）销往当时的"陪都"重庆。

庆阳坝种茶制茶历史悠久，据传唐朝时期，这里已经进行原始茶叶的栽培。清康熙年间，从湖南长沙、安化、新化、益阳而来的大量移民定居庆阳坝、土皇坪、石家沟等地，开始了大面积垦荒种茶，加工而成的茶叶均为茶农垒土为灶，手工制作。庆阳坝历代有种茶、制茶、买卖茶叶的习俗，几乎家家户户都和茶叶打交道，成为宣恩县最早的产茶之乡。庆阳坝因其地理位置特殊而逐渐形成集市，也成为当地茶叶交易中心，是湖北十大历史名茶——"恩施玉露"的发祥地之一，万里茶道宣恩支段的重要驿站。

三、万里茶道的支线

庆阳坝北纬30°2′，气候温润，属于典型的热带季风气候，雨热同季，夏无酷暑，冬无严寒，年平均气温16 ℃，无霜期260天，年降雨量1300毫米。但庆阳坝属于多山地区，受山势影响，垂直变化大，这里的山峰多呈现出坡面缓圆、山间谷地开阔的状态。庆阳坝土类属于青色沙质土壤，有机物质含量高。得天独厚的生态环境，不但有利于茶树的生长，也使茶树氮素代谢相对加强，茶树鲜叶中氨基酸等成分含量较高，为名优茶提供了优质鲜叶原料。因为土层是沙质土壤，富含硒元素，两条清澈甘醇的小溪环绕在坝子周围，环境清幽，气候宜人，雨量充沛，特别适合茶树生长，成为茶树优良品种的原产地。

2007年，庆阳坝老寨溪村5组的一棵老茶树，经咸丰县特产局茶叶技术干部采用系统选育、无性繁殖，培植而成的"宣苔27号"，是极为罕见的"恩施苔子茶"原始品种，被湖北省农作物审定委员会命名为"鄂茶10号"，为全省推广的优良品种，非常适合研制绿茶。曾被湖北省恩施土家族苗族自治州农作物品种审查小组定名为"恩茶红"的茶叶（恩茶14号），其母本源产地就在庆阳坝7组肖家坡。"恩茶红"非常适合研制红茶，用它研制的功夫红茶有非常奇特的表现，这种茶汤冷却到10℃以下，会出现类似于咖啡饮料的效果，温度超过10℃，又会变得非常清澈。这种现象被当地人称为"冷后浑"。

闻名遐迩的中国十大名茶、湖北省第一历史名茶——"恩施玉露"，大约创制于清康熙年间（1680）。恩施玉露是全国为数不多的蒸青绿茶，当地人相信，恩施玉露的前身就是庆阳坝的"庆阳玉露"。庆阳玉露，属绿茶类，是中国现存的历史名茶中稀有的传统蒸青绿茶，主产于庆阳坝周围的山坡上，以大茅坡和肖家坡所产茶叶最佳。相传清康熙年间，恩施芭蕉乡黄连溪村有一位兰姓茶商垒灶研制焙茶炉灶与当今之玉露茶焙炉极为相似：所制茶叶外形紧圆、挺直、色绿、毫峰银白如玉，故此命名为"玉绿"。而后，庆阳坝的茶树本身自然品质优良，所制茶叶大量销往宜昌、汉口、襄阳等地，受到好评。于是，这位茶商就来到庆阳坝设厂，开创庆阳坝建厂制茶之先河。与此同时，另有一个外地茶商王乃赓前来庆阳坝开设"更生茶厂"。到20世纪30年代，国民政府派石汉桥、柴炳朝、寿景康三人到庆阳坝办茶厂，厂址设在关帝庙内主制"玉绿"，蒸汽杀青的茶叶鲜香味爽,外形色泽翠绿,毫白如玉,格外显露,遂将"玉绿"改名为"玉露"。该茶十分畅销，主销当时国民政府所在地——重庆。1939年，中国茶叶公司五峰山实验茶厂在庆阳坝建立制茶所，由杨润芝（湖南人）、姚长青（湖北恩施大吉人）当正、副所长，制茶所设在颜家屋场（现在庆阳坝小学的位置），主要制作功夫红、绿茶，年产绿茶二十多担，红茶三担多。由于庆阳坝地处南联湘黔北接川陕的盐花大道、茶马大道的交会处，成了南来北往各类民生物资和土特产的集散地。每天有数以千计的商家茶客、贩夫走卒来来往往，集市餐馆客栈达50余家，出现"路上不断人、灶里不熄火"的繁荣景象。

根据民国档案记载，1948年，为抵御外地客商垄断庆阳坝茶市而导致本地茶农茶商利益受损，确保本县茶叶税收不流失，五月初六下午六时，当地茶农茶商在土皇坪知名人士王平楷家中召开大会。茶农茶商代表53人参会，成立了庆阳坝茶叶同兴同业公会，选举王平楷为主席，并制定了茶叶公会章程共23条，报县国民政府核准。经过县长陈浩亲笔修改为4章10条，予以颁布施行。这是宣恩茶叶历史上唯一的茶叶公会组织。庆阳坝茶叶同业公会的成立，保障了茶农茶商的合理利益，同时还在相关茶路上设立了茶水站，使茶叶生产得到较快发展。与庆阳坝接壤的土皇坪、石家沟、老寨溪、水田坝等村的山坡上都种植了茶叶，家庭茶厂、联户茶厂应运而生，当时主要的产品有"玉露""毛尖""珍眉""龙井"等。

产品的开发带动了庆阳坝人的经商热情，一些人开始收购茶叶，组成调运班子进行陆路运输，走恩施、宜昌、汉口。据解放初期参与茶叶运输的阳仁义回忆，他们每次一行数十人将茶叶挑运到宜昌、汉口、襄阳出售，或走利川进入川东的万县（现在的重庆万州区）销售，返程时再挑回山里人所需要的盐巴等物资。据他讲，庆阳坝的茶叶到了那些厂里，作为主配原料，改制成红茶，销往我国北方或者是国外。这一重要的运输线路经过岁月的洗礼，形成一条辙迹与历史一般幽深的万里茶马古道，叙说着宣恩茶叶历史的曾经辉煌。

四、凉亭街主体建筑

庆阳坝小"盆地"内，和谐组装着山川景物及人文建筑。以穿斗式为基本元素，汇集"凉亭"和"吊脚"这些西南少数民族精彩的建筑文化符号。这些建筑样式既用于街道，同时还是民居，兼有经商和居住两种功能。

（一）街道布局

凉亭街由两条大街道组成，一条呈"Y"字形的主街道为东南至西北走向，与另一条东北至西南走向的街道架角而列。主街道街面宽5米，西段岔行一分为二，巷道曲径通幽，形成街巷，两侧为木质瓦屋，布局蜿蜒曲折，房屋鳞次栉比。另一条街道依傍于丝栗堡山脚，以石拱桥相连。两街相围处为一坝水田，对侧山脚是一处吊脚楼民居。

凉亭街有一条主干道，以主街道为主线，同侧相邻两屋间设巷道，组成交通网，架数座桥梁过水道与外界相通，石板路踩得光滑透亮，经山崖与外省相连。

（二）前凉亭后吊脚的房屋

凉亭街房屋"五柱四骑"或"八柱七骑"不等，一般为三开间，2至3层。底层铺"镇板"，临街板壁只装下半段，上段做成三栏或两栏的柜窗，窗格装两扇开合式柜门，齐柜窗底线于板壁内外侧做柜台，外侧用木衬子托起0.3米宽的长木条柜台，里侧宽0.5米，柜台下做柜格，用于存放货物。

中间堂屋通常不装临街面板壁，堂屋两边房间各做一个三孔式柜窗，中间柜窗镂空雕窗花，柜台为活动式，可随意开合。在堂屋的左右侧板壁各开一个柜窗，与厢房柜窗形成夹角，同开于一间，便于卖家同时照顾多位顾客。柜内板凳高约0.6米，凳面0.3米×0.2米，木材厚实，四脚参开，柜主得以平稳自如地在柜台间、不同向窗柜间转换角度，买卖货物。

房屋背侧做成"拖檐"，稍低于临街面，用作厨房。临街段多伸展出一柱一骑：留出宽约1米的空间，不装板壁，避免顾客站立于屋檐下购物。"厢房"外伸出的部分装上严整的木板，称为"燕子楼"，有的做"耳门"（小门）。在堂屋二楼临街面做成两扇开合式木门，屋主人卧室通常设于二楼。

在凉亭街岔行处，有一段街面干脆穿行于"排扇"之中。有一栋房屋的柱骑"排扇"骑跨凉亭街左右侧。凉亭街的房屋有的雕刻精细、做工考究，有的则素面朝街，因行业和地势而异。凉亭街房屋建筑和街巷通道网络体现着随意、自由和四通八达。

规划合理、富于人性化的凉亭街,其排水系统也较为科学、严密。两厢房屋前檐相连处用水笕导水,粗长的水笕一根接一根,从街头接到街尾。脚下石砌排水沟,盖青石板,隔一段就竖一根内空的"柱",上接水笕下连排水沟。凉亭街有三口涌着清泉的古井,在"中国硒都"的恩施地区,庆阳坝四山环护,没有工业污染,古井的水质较好。

(三)凉亭街的桥梁

凉亭街上的凉亭桥,原有太平桥三拱,当地绅士余泽旺领首修建,丙午年(1906)五月初八发洪水被冲毁,重修后更名为凉亭桥(见图)。距凉亭街南行约2千米处有一建于清朝的单孔石桥——新桥,桥拱下"宝剑"高悬,意为斩除引发小溪恶水的蛟龙,确保下游不受水灾,五谷丰登。

凉亭桥

街西头有 1975 年修建的更生桥，为单孔石拱水泥桥，又叫福寿桥。此桥为 2001 年村民张世界等集资修建而成，桥名和对联"建桥福寿千载，创业方便万民"由当地小学教师阳仁芳手书。2014 年，凉亭街前又建成一座"五凤大桥"。

（四）凉亭街的老宅

1. 余氏老宅

余氏祖屋坐落于凉亭街西端，小地名豪猪洞。建于清光绪辛巳年（1881），由当地绅士余泽汪领首修建，现保存完好。

房屋坐南面北，穿斗式，布瓦盖顶，七柱六骑七开间，高一丈八尺八寸（约等于 6.23 米），亮一柱二骑，阶沿丈余，宽敞豁亮，磉礅高大结实，雕鼓炉钱花，将檐柱高高托起，屋宇挺拔，气势轩昂。

堂屋正前方大骑和小骑的二层建成"燕子楼"，"燕子楼"与侯氏祖屋及凉亭街大多数屋不同的是建在堂屋内，形成内凉台，直通左右两端次间的二层，别有一番天地，同时显示出主人收敛的心性。

堂屋后壁的神龛上写有"家先"，上面横书"纯其祖武"，两侧竖书"派出西戎源流远　名高宋代德泽长"。

老宅梁高柱粗，亮柱和金柱的穿枋做成扇形，叫扇子枋。两边次间前亮柱的穿枋做成诰匾枋，用于悬挂诰匾、贺匾和祖传匾。余氏老宅曾挂有一块"丕振家声"的匾额，现已遗失。

窗格有王字格、冰裂纹等，当地人称冰裂纹为"乱捡柴"，以长短桥子错落嵌连，中间做一木板，上浮雕花瓶，内插花草，在凉亭街仅此一处，形乱而神不乱，看似无序，却透着规矩。"乱捡柴"散见于中国民居中，这进一步证实了凉亭街不仅吸纳了各地商人，也吸纳了各地的建筑文化。

2. 侯氏老宅

侯氏老宅在凉亭街的南端尽头，一正一厢，穿斗式，上下三层，上覆布瓦，下垫磉礅，面阔三间，三间正屋的前檐柱不装板壁，形成中空的通廊式阶檐。

二层阶檐处上层用木板装封，形成燕子楼，扩大居住面。在寸土寸金的凉亭街，用这种下空上封的方法做成燕子楼，既保留了阶檐，又不损失居住面，有效地提高了土地利用率。

房屋的内部功能与设施和大多数房子一样，中为堂屋，两侧是火塘屋和卧室，转角处是厨房。侯氏老宅体量大，有气势，做工讲究，功能完备，是一个独立的院落。侯氏老宅原坐落于庙旁，面河背街，20世纪60年代河水改道时迁入现址，拖檐处为水田坝至庆阳坝交通要道。

3. 曾氏老宅

建于清末，位于凉亭街南端入口处，面街背溪。一明两暗三开间，左右各做一间厢房。红壁黑柱，堂屋不装板壁，在后壁开一门与后房相连，紧挨后门的侧面开一门与厢房相通，左右对称。正屋地基前半部分着地，后半部悬空，做成吊脚，下层用于堆放杂物、圈养牲畜或建成手工业作坊。上层临溪面出挑，相围成龛子，增大空间与居住面，后一排三间房屋为主人一家的生活空间。

两侧厢房做成铺面，前壁和侧壁做开合式木窗，下用木板横铺衬成柜台。窗内用活动木板加固，白天打开窗户，即在窗口营业，一个铺面有一个夹角的两个活动窗口，便于店主"左右逢源"，十分便利。窗户雕刻精致，透雕花卉、宝瓶等图案，形象逼真，寓意丰富，是专职雕画匠所雕。顶层出挑，过街与对面房屋相接，"檐搭檐，角接角"做成凉亭街。

"坐街吃街"，当时的曾家曾喂骡马、开糟行、喂猪、种茶等。在曾家藏有一个石秤砣，重9.5千克，为"土豪称"秤砣，相配的秤杆长4尺（约1.32米），专为称盐而制。

4. 李官绪老宅

位于凉亭街主街道靠溪一侧，单檐悬山灰瓦顶，"五柱二骑"，面阔二间，进深二间，"前铺面后吊脚"，中为堂屋，临溪面建龛子。屋主人李官绪一生经营中草药，老宅为三代医家生活和从医之地，乡医侯吉清先生曾在此学徒行医。老宅现为曹信才的老裁缝铺子，本地衣饰服装不再靠手工缝制，他现在主要制作老人衣服、寿衣和寿铺盖。

（五）附属建筑

庆阳凉亭街是一处包容、开放、有底蕴的集市。商贾旺族、手工业者、书香门第都可以在凉亭街找到最适宜的位置。由于历史的积淀，凉亭街具有少数民族建筑特色的房屋保存下来，衍生的附属建筑作为凉亭街不可分割的一部分，为我们解读这座古老而繁华的街市提供了充裕的想象空间。

庆阳坝有两座庙宇，现仅存遗址：一是关庙，祭祀武圣关羽，建有戏楼（见图）；二是佛祖庙，建在福寿山上，占地近3亩（1亩＝666.67平方米），共四进一天井，有庙祝掌香火，由当地文人于清道光二十年（1840）领首修建。中华人民共和国成立之初，福寿山佛祖庙被拆毁，一口大铁钟也不翼而飞。

凉亭街戏楼

五、人文和史迹

融汇民族特色的凉亭街，世世代代生活的居民，有传统手工业者、医学世家、官宦之家和商业旺族，留下了属于他们的传奇故事。

1. 侯氏医药世家

侯吉清学名礼祥，清末出生于椒园乡水田坝，十五岁就跟随李岩先生学识中草药，后到凉亭街，师承宣恩名医"李师傅"李官绪，开起"遵古炮制"的吉清药室。侯吉清奉行"医道即为人道，医者必当仁心"，救死扶伤，行医足迹遍及水田、桂花和毗邻的芭蕉、石门坎、大集、黄泥溪一带的村村寨寨，有口皆碑。

2. 余氏官宦之家

据《余氏族谱》载，余氏祖上在明朝时官至礼部尚书、刑部尚书，是官宦世家。清乾隆年间出生的余作辉在嘉庆末年自宣恩晓关二台坪迁至庆阳坝，投靠族人余求麟，并购颜氏等姓氏家族的房产和产业而立业。余作辉之子余长久热心公益事业，于甲辰年（1844）修太平桥，沟通凉亭街两岸。乙巳年（1845）倡导建立庆阳坝初等学校。"丙午年五月初八天灾频降，洪水泛滥合境田地"，余长久还为灾民请命，求款赈灾。

3. 颜氏巨富

清中叶，自湖南迁来的颜氏为庆阳坝旺族，由开机房、办酒厂起家，潜心经营，再开办分厂，产业遍布庆阳坝，购买田地数百亩，凉亭街有多处铺面。颜氏成为庆阳坝首富后，重视族人科举入仕，其中颜道泽为秀才、颜永善为拔贡生。后因种种原因，在民国时期家道中落。

庆阳坝村少数民族占比高达 81%，有土家族、苗族、侗族、白族、回族、满族等多个民族杂居在此，各民族的文化习俗相互交融。庆阳坝作为多民族商贸文化的聚集地，还流传着很多具有民族特色的传统节庆，如现存的路烛节、搬土地和玩花灯等节日。这些民族传统文化在现代社会焕发了新的生机，呈现出别具一格的面貌。

（本文图片拍摄／张连海）

两河口村

——人间幸有彭家寨

沙道沟镇两河口村位于国家级自然保护区——七姊妹山的缓冲地带。两条山脉自东向西南绵延,龙潭河贯流其中。

在龙潭河两岸,以彭家寨为中心,曾家寨、汪家寨、唐家坪呈"三星拱月"之势,白果坝、老街首尾相衔,符家寨、板栗坪等村寨沿龙潭河一带星罗棋布。而其中心的彭家寨以其鲜活性、多维度以及立体布局和史学价值等特质,吸引世人的眼光和学界精英驻足；2019年4月，"国际四校研学营"在此设营；作为吊脚楼群的代表，2021年5月，彭家寨亮相威尼斯国际建筑双年展。

2008年，两河口村被列入"第四批中国历史文化名镇名村"名录。2012年，两河口村被列入"第一批中国传统村落"名录。2013年5月，国务院公布第七批全国重点文物保护单位，包括彭家寨古建筑群。2014年9月，国家民委命名首批中国少数民族特色村寨，彭家寨在列。因盐花古道而兴的两河口老街，有宣恩县苏维埃政府旧址，现为省级文物保护单位。

一、村落概貌

两河口村地处国家级自然保护区八大公山的马蹄形地带里，龙潭河从村中流过。西距209国道15千米，北距鸦当省道3千米，沙（道沟）桑（植）省道沿龙潭河而行。全村1300余人，土家族占80%，其中彭家寨全部是彭姓。

湘鄂边界的八大公山属于武陵山余脉，沙道沟镇东部的八大公山逆时针方向沿苏家河、狮子岩、鹰嘴岩向天上堡延伸，半抱龙潭河和布袋溪，形成向西敞开的马蹄形地带，"口袋"一样装进自东向西流的龙潭河和布袋溪两条河流，以及环绕两条河流的三条八大公山山脉。

沿龙潭集镇顺龙潭河而下，左岸山峰海拔1436米，有观音堂、张家堡、大眼坪、庙塆、李家坡，庙塆有一处叫兰花洞的洞穴，洞内宽敞，多石笋和怪石。右岸山峰海拔993米，有葫芦堡、四方梁、磨架山、马岭岗。

彭家寨位于龙潭河右岸的磨架山下，顺河而下是汪家寨、符家塆、袁家寨、覃家坪，直到两河口集镇，前行约4千米，即到湘鄂边界重镇沙道沟集镇。逆流而上是曾家寨、罗家寨、梁家塆，到龙潭集镇，继续向东北行进，翻过八大公山的马蹄形山，直到鹤峰县以及湖南省的桑植县。

龙潭河发源于沙道沟镇燕子岩，全长40千米。早先水流较小，叫细沙溪；后来水流量增大，更名为龙潭河。龙潭河自龙潭集镇至两河口集镇约15千米，两端建有大桥，彭家寨、汪家寨等建于河的两岸。

彭家寨中心海拔590米,约东经109°、北纬29°。南靠观音山,北望唐家坪,东临曾家寨,西结汪家寨,坐落于龙潭河右岸台地上。

二、历史沿革

两河口村元朝属湖南镇边宣慰司,明朝属施州卫忠峒安抚司,改土归流后属忠峒里。

穿村而过的龙潭河为酉水上游一支流,酉水古称酉溪,以十二地支"酉"命名,发源于宣恩境内七姊妹山南部的杨柳坨,流经鄂、湘、渝三省市的9个市县,最后注入长江。酉水流域是古代巴人后裔、土家人先祖的一支(武陵蛮,亦称"五溪蛮")的世居地之一。

沿龙潭河而下的红石苏家沟是宣恩摆手舞的发源地,在苏家沟的星火田曾建有摆手堂,当时供有土王一尊、王妃两尊和配像多座。

据文史资料记载,元帅贺龙早年结伴在湘鄂川黔边界赶马运盐时,就常经过两河口。贺龙同情人民疾苦,期间广交朋友,号召大家共同反对强暴政权。

土地革命战争时期,红二、六军团创建湘鄂川黔根据地,在两河口建立"宣恩县苏维埃政府",同时成立区、乡苏维埃政权。以沙道沟两河口为中心的县、区、乡苏维埃政权的建立,将湘鄂川黔连成一片,为湘鄂西根据地的巩固和红军反"围剿"的胜利创造了有利条件。1935年8月2日晚,红二、六军团从湖南龙山兴隆、宣恩两河口等地出发,次日清晨到达李家河板栗园,设伏于利福田谷地两面的山坡上,全歼国民党王牌军八十五师,取得板栗园大捷。此役成为红军战史上"以少胜多、以弱胜强"的光辉战例,载入《中国工农红军第二方面军战史》。

两河口老街古时是"盐花古道"出入湘鄂的重要关隘,据守在古盐道宣恩段的南端。老街有宣恩古盐道上保存最为完整的古街建筑,在各个历史时期都有重要遗存,该地早先是"盐花古道"出入湘鄂的重要通道,后来是革命政权驻地,及至"两河口剿匪"时,这里还是主战场。为保护红色文化、盐道文化,省政府已公布两河口老街为省级文物保护单位。

老街背山面河，建于溪边台地上，河对岸绝壁顶端原有尼姑庵。老街北端与码头相接，南端踏49级石板阶梯而下，过风雨桥（现存遗址）可达湘西。街道以长条形河卵石铺成瓦背形路面，10余栋建于清末的吊脚楼两两相对，"前铺面，后吊脚"，分立于街道两侧。街面上至今保存着许多古老的铺面和柜台，可以想象当年这里集市的繁荣。

中华人民共和国成立前，两河口是湘、鄂边境土匪经常出没的地方。中华人民共和国成立初期，宣恩的土匪活动依然猖獗。1950年初，县委派出工作组进驻两河口，开展清匪反霸工作。是年4月，近千名土匪被彻底镇压肃清。两河口老街还是影视拍摄取景地，1998年上映并获湖北省"五个一"工程奖的电影《男人河》，影片中巴镇的拍摄地就在两河口老街。

三、土家族的吊脚楼

> 未了武陵今世缘，贫年策杖觅桃园。
>
> 人间幸有彭家寨，楼阁峥嵘住地仙。
>
> ——华中科技大学教授张良皋

中国古建筑学家、华中科技大学教授张良皋盛赞沿布袋溪、龙潭河兴建的吊脚楼群："这一圈，可说是宣恩土家民居的一圈项链，而彭家寨无疑是这项链上最光彩照人的明珠。"

抗战期间，少年张良皋随西迁学生从武汉来宣恩求学，见识了吊脚楼建筑。张良皋任华中工学院（后来改为华中科技大学）教授后，曾两次获国家自然基金资助以对吊脚楼建筑进行综合研究，并于2013年获中国民族建筑事业终生成就奖。

2002年，张良皋教授在游历西南少数民族地区，鉴赏民间建筑吊脚楼后，致信恩施州人民政府，建议保护彭家寨及龙潭河一带的民间建筑。这一建议得到州政府的高度重视，吊脚楼保护工程纳入议事日程。自此，人们重新认识吊脚楼,彭家寨开始从"深闺"走向大众的视野。

吊脚楼(见图)是顺应山区坡地而建的建筑,在土家人眼里,屋场比房屋重要,山形山势是否有"气"决定着建筑的有无、房屋的朝向和村寨的布局等。

彭家寨吊脚楼群

土家人认为山川地理都有灵性,龙潭河对岸的观天堂、张家堡、大眼坪、庙垭、李家坡等这些山峰都被村民赋予了神性,依据山形称为"十八罗汉",忠实地守护着山脚各寨及寨里的村民。

沿龙潭河而上,与观音山并列的是狮子岩,为一座神形似于狮子头的巨大岩石,狮子石像是伸入龙潭河的一块条形石头。水府庙与狮子岩隔龙潭河相望,建于河边台地。中华人民共和国成立初期,水府庙被庙垭垮下一堆岩石毁掉,现仅存石碑,该地更名为"乱岩坷"。沿"乱岩坷"而上是板栗坪,板栗坪的板栗树很多,现为土家另一个寨子。

从龙潭河顺流而下，与彭家寨紧邻的是汪家寨。彭家寨与汪家寨均位于龙潭河右岸，并称"二龙戏珠"。汪家寨原叫二虎寨，因汪姓迁入并日渐兴盛，得名汪家寨。

汪家寨背靠山堡，寨前有一铁索吊桥。寨内有土城遗址，据说是土王在此围过城。寨后隐藏着一个有较大规模的麻阳寨，因小山堡遮挡，在龙潭河对岸的公路上看不见房屋建筑。

唐家寨建于龙潭河左岸的山上，与彭家寨、汪家寨呈"三星拱月"之势。该寨有十余栋吊脚楼，集中在山坳处，寨前有大面积的土地，寨后及两边的山势形成"圈椅状"。

龙潭河流域的吊脚楼群串起"一圈项链"，建筑年代跨度大，从清末至今，现保存完好。房屋由正屋和吊脚楼组成，正屋建于平地，2至5间不等，排扇"三柱五骑"或"五柱八骑"。以杆子屋作厢房，厢房吊脚，屋脊与正屋平齐，吊脚的高度随地形而定。

干栏与井院的结合类型，在两河口村种类齐全，外部形态有单吊式、双吊式、二层吊式、三层吊式、"一"字吊等，有的吊脚楼糅合几种形式，既有平地起吊式又有"一"字吊式，不仅照顾立面，而且充分发展平面。

据张良皋教授考证："干栏式的龛子来自西南少数民族地区，三开间正屋来自黄土高原的窑洞，正屋与横屋的围合趋势来自黄土高原的'井院式'（或曰'地穴式'）窑洞。土家民居正是华夏建筑与西南少数民族建筑的完美结合。"

房屋正屋与横屋相接处为厨房，是一扇形的空间——转角楼，俗称"马屁股"或"骡子屁股"。用不落地的骑筒承托数根梁枋，像伞一样密集，在屋面正屋与横屋交接处做成龙脊，将屋顶水面进行分合处理。骑柱止于厨房的楼枕枋上，为厨房腾出开阔的空间。厨房四面开门，通前后檐和火塘屋及吊脚楼的厢房。

各个村寨以吊脚楼为基本元素，但风格各异。因为建房面积有限，地形差异大，有的屋基与院坝的垂直距离较大。在彭家寨，有两栋吊脚楼房屋的地基之间的过道全用石头堆砌，站在楼下小道上仰望，房屋犹如人间仙阁，过道犹如天梯。村民对岩保坎没有加工装饰，古朴自然，与环境融为一体。

走马转角楼

村寨吊脚楼为卯榫结构,不用钢筋固定构件,居住生活所需的房子从建成之日起,就保留着原始的样式,充分体现了先人的智慧。

四、"光彩照人"的彭家寨

大约在清中叶,湖南彭氏土司的族人彭怀伞遵从先祖的嘱托,带着妻子杨氏沿酉水河上行,寻找"先人旧址"。那个时候,白水河、龙潭河、布袋溪这一带都是土司的辖区或势力范围,夫妇俩来到这几条河流合围形成的马蹄形地带内察看,然后在龙潭河畔的观音山找到"先人旧址",安家落户。

都说一个地名承载着一段历史,彭家寨的沟溪也是如此。在龙潭河右岸,金磨山下有座桃花山,其与观音山相夹形成一条叉几沟。该溪沟由六条小沟汇合而成,上游是恫塘,再往上叫桃花塘。由于地势落差大,溪流水声很响,终日奔流不息。彭家寨有"桃花三塘"的说法,早年塘边多桃树,每逢春天,塘四周桃花盛开,群蜂飞舞。

沿溪前行约500米,地势相对开阔,叫"相济坪",是彭家寨远古的遗址,也是彭怀伞夫妇寻找的"先人旧址"。寨民彭继书听老辈人说,早先"先人旧址"有"撮箕口"的吊脚楼。

寨的左侧龙潭河边原建有"水府庙",现已毁。存有石碑一通,碑文记载修庙时集资者姓名,立碑时间是清乾隆五十七年(1792),说明在那个时候,彭家寨从人文到建筑已有相当规模,有着成熟的组织制度、宗法观念和宗族信仰。

村民堂屋神龛上写的"家先",与彭家寨先祖彭怀伞及其妻杨氏的迁徙历程相吻合。"陇西家风",说明彭家寨人属于彭族的"陇西堂",先人长途跋涉逃避水灾,来到彭家寨扎下根来。

彭家寨全部住户都为彭姓,有几户异姓由彭族人"招婿配女"而来。因寨右侧叉几沟建有一座凉亭桥(见图),该桥建于清同治二年(1863)以前。1993年,张良皋教授再次来到这里,在考察该地人文和建筑后,重新启用"彭家寨"寨名。

寨子吊脚楼群依山绕水而建,在"人头山"脚斜坡上层层递进铺排。寨内42栋木结构穿斗式吊脚楼,大多座西北朝东南,每栋自成体系,面积百余到几百平方米不等。房子一般以一明两暗三开间做正屋,以杆子屋做厢房。有的厢房由上下两层杆子相围,形成三层空间,底层或用于村落小道,或用于圈养牲畜。台阶、院坝、道路铺以青石板。

寨民房屋往后层层高起,出现纵深。后山坡竹林间挖有一排苕窖。龙潭河自东北向西南流过寨前,与寨两边的山间小溪将彭家寨环抱,山寨与沙龙公路由铁索桥相连。

张良皋教授在数次游历西南少数民族地区之后,称彭家寨为"人间仙居",认为彭家寨是湖北省吊脚楼的"头号种子选手"。

凉亭桥

五、丰富的民间文化艺术

经过各级文化部门工作人员和非物质文化遗产传承人十多年来的不懈努力，沙道沟镇以八宝铜铃舞为代表，于2007年被命名为"湖北省民间文化艺术之乡"；宣恩县以宣恩耍耍为代表，于2008年被命名为"中国民间文化艺术之乡"。八宝铜铃舞还被公布为省级非物质文化遗产名录。

"铜马哟大郎，铁马哟二郎，换酒哇三郎，三郎啊三思啊三郎啊嗨呀叫住……"这是宣恩土家八宝铜铃歌舞中的"唱词"。土家八宝铜铃舞，俗称"解钱"，是流传于酉水流域土家族地区的一种古老祭祀歌舞，是武陵蛮遗留下来的珍贵的非物质文化遗产。

酉水流域做解钱法事，相传是土家族田氏子孙为祭祀战死的先祖田大将军（亦称田好汉）而进行的活动，后由田姓发展到彭、向等姓并延续至今。田大将军战死后,膝下七子一女纷纷逃亡,兄妹八人分手时从父亲战马颈上解下8个铜铃,人手一个,作为后世寻祖归宗的证物。此后,兄妹八人分别逃到宣恩、来凤、鹤峰及湖南龙山等地。宣恩高罗田氏碑文记载:"垒石为城,依山傍水而居……"为祭祖还愿,便用8个铜铃做成马头铜铃杖,在做解钱法事时摇铃舞唱。

酉水流域土家解钱祭祀的时间,固定的主要有农历七月十二的"亡人节"、正月初三至十五的"新年节"、二月初二的"土王节"等,主家若是有大事需解钱,则由土老司择定黄道吉日举行。祭祀的场所在主家的堂屋。祭祀时,中堂上方悬挂三亲土王神像(田好汉、彭公爵主、向老官人);中堂右角设香案,摆肉食、果蔬类贡品及香蜡纸草;中堂左角立一神位,供奉田氏家神。

八宝铜铃舞(图片来源于《恩施日报》)

每当解钱祭祖时,土老司头戴三亲五折冠,身穿八幅罗裙,一手握八宝铜铃,一手执司刀,或一人边唱边舞,或率众徒摇铃舞唱。跳起兴致时,围观者可与土老司对唱神歌或山歌,场面极为壮观。跳八宝铜铃舞时还有锣鼓伴奏,一般由6人组成，用一鼓、二锣、二钹、一牛角等，乐器虽简单，却节奏明快，气氛热烈。

八宝铜铃舞的唱词，其内容从土家族的起源、民族的迁徙到渔猎的艰辛、战乱的残酷，从天地鬼神到世间万象，几乎无所不包、无所不涉。演唱音乐是"嗬嗬腔"，几乎唱每一段歌都要用"嗬嗬耶""了了神"等衬词，声腔古朴低沉，雄浑豪爽。

八宝铜铃舞的动作主要有"田氏三步罡""跨马勒缰""跃马闯滩""卧马射箭"等套路组合，舞姿步态丰富多变，舞刀摇铃、喂马、上马、下马、奔马、赛马等动作串联成套，古朴粗犷。

八宝铜铃舞的动作特征，主要体现在叩胸屈膝、体态下沉、一步一颤或一步多颤，踏"三步罡"、走"太极图"。同时结合踩罡、跳罡、旋转等脚下动作，展示摇铃、抖铃的手上功夫。

"遇事必跳，人神共娱"的宣恩耍耍，源于土家族原始"祭祀娱神"活动，动作诙谐活泼，腔调优美动听，唱词通俗易懂，备受人们喜爱。

在鄂西南山区，人们集体薅草或挖土时，为达到催场催工的目的，主人家要请演唱班子。他们击鼓以作气力，鸣锣以节劳逸，酣歌以抒胸臆。宣恩的薅草锣鼓独具风格，是研究土家文化的宝库。

"女儿十二学绣花，长大能找好婆家。"当地妇女大都身怀绣花绝艺，做出的绣花鞋垫、绣花鞋，以图案丰富、富有浓郁的乡土气息和强烈的民族特色著称。宣恩县沙道沟酉情手工绣花鞋垫厂，产品销往深圳、上海、武汉等地。

油茶苞谷酒、泡菜土腊肉、粑粑鲊广椒、豆皮懒豆腐，是盛行于两河口的特色食品。干竹笋、苞谷菌、蕨粉粑、山野菜常与腊肉伴炒……也是当地的一大特色。

一直以来，两河口村人们过着一种日出而作、日落而息的古朴生活，其雄浑豪爽的铜铃舞、饶有风趣的上梁歌、悲喜交加的哭嫁歌、诙谐活泼的闹房歌，以及进退有度的薅草锣鼓，是伴随两河口村人一生的生活元素。

（本文图片除注明外，均为宋文提供）

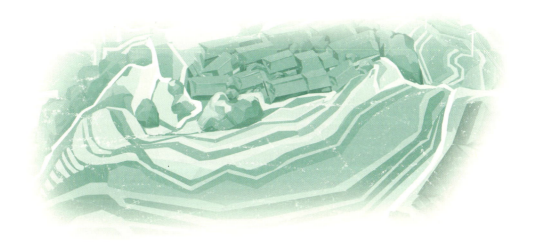

两溪河村

——仙山脚下曜明珠

宣恩县长潭河侗族乡两溪河村,地处七姊妹山国家级自然保护区腹地,拥有"中国传统村落""湖北省少数民族特色村寨""湖北省绿色示范乡村""湖北省美丽乡村典型示范村""湖北省省级文明村""国家森林乡村"等美誉。

从长潭河集镇沿东南方向的前河大峡谷上行10千米便到达两溪河村。该村东南与本县椿木营乡、沙道沟镇交界,西与本乡兴隆村、龙潭坪村接壤,北与本乡后河村相邻。王（家坳）椿（木营）公路从境内穿过，交通方便，距宣恩县城42千米。两溪河村至月亮岩13千米的盘山公路，构成了一道独特的风景线。村内的山羊溪民居、卢家院子和两河口民居是宣恩县境内保留较好的侗寨，为县级文物保护单位。侗寨房屋均为木质瓦屋，多为吊脚楼，依山傍水，错落有致，自然成寨。2014年11月，两溪河村被列入中国传统村落名录。三个寨子寨内古树掩映，寨前碧水环绕，寨后青山环抱，小桥、流水、老树、古寨的奇妙组合，在大山中构成恬静和谐的山水画卷。

山羊溪，从国家级自然保护区七姊妹山主峰南侧，带着山泉的欢畅款款而来；寮叶溪，从月亮岩山麓下的手爬岩峡谷中悠然而至。两溪相汇聚成两溪河，流入长潭河汇入贡水注入清江。河水清澈，植被丰盛。海拔在800～1600米，山高坡陡，峡谷幽深。在美丽乡村建设中，充分挖掘文化特色，通过实施文化惠民工程，不断丰富和提升美丽乡村内涵，使人们置身美的环境，拥有美的心灵，共享美的生活，让两溪河村更具魅力。

全村面积24.2平方千米，8个村民小组，共180户701人。耕地762亩，其中水田180亩，森林覆盖率达到了90%以上。卢、陈、彭、龚、张、刘、李、胡、段、吴、易等20多个姓氏居民和睦相处，繁衍生息。

一、建筑文化

（一）建筑遗产

1. 卢家院子

寨前竖立的3米多高米黄色自然石碑上，刻写着"两溪河村　湖北少数民族特色村寨"红色字样。目光前移，一座风雨桥通向卢家院子，寨中错落有致的三层吊脚楼映入眼帘。桥头右侧一栋飞檐翘角、四周回廊的三层木楼，便是两溪河村委会便民服务中心（如图）。风雨桥下清澈河水缓缓流淌，鱼儿在水中的石头边游来游去。河岸院前千余平方米的文化广场边沿安置着一些健身器材。

走近

卢家院子及村委会

河边的翠竹、院中的古楠木树、银杏、桂花、摸痒树（紫薇）、梨树、芭蕉以及后山云雾缭绕的山峰，把卢家院子装点得如诗如画。院中现居住着22户人家，每家每户都有宾馆式住宿标间，室内洗漱设施完备，游人可预订入住，还可享用农家特色餐饮。全村可同时接待200人入住，村委会建有萨玛长潭旅游接待中心和侗寨民宿。这里是两溪河村政治、经济、文化中心。

据传，清乾隆年间，生活在湖南芷江县锅铲垮梨树堡的彭楚尊、卢汉尊、卢卫尊三兄弟（同父异母），因躲兵灾逃到长潭河兴隆、两溪河定居，祖上遗嘱弟兄分家不离祖屋，经过十余代人的翻修扩建，逐渐形成依山而建的吊脚楼群，取名卢家院子。后来卢氏第七代卢开忠定居古树台，在椿木营置了28户庄户，生有两个儿子，其中一个儿子只生一个女儿，另一个儿子卢昌金人丁兴旺。

2. 风雨桥

风雨桥是侗族标志性建筑之一。结构严谨，造型独特，极富民族特色。整座建筑不用一钉一铆和其他铁件，皆以质量好的杉木凿榫衔接，拔地而起。风

两溪河村萨玛长潭民宿小区（黄松武 摄）

卢家院子风雨桥（吴明清 摄）

雨桥又称花桥，是侗族建筑中最具特色的民间建筑之一。桥的两头台亭及中央亭为层叠塔式，在亭面上下均为飞檐半拱，使整座风雨桥既有飞龙腾空之势，又寓风调雨顺、国泰民安之意。风雨桥，不仅连接交通，而且可避风雨，因而得名，是一种集桥、廊、亭三者为一体的桥梁建筑，是侗族桥梁建筑艺术的结晶。廊亭木柱间设有一座凳栏杆，栏外伸出一层风雨檐，既增强桥的整体美感，又能保护桥面和托架。

两溪河风雨桥可通行小型车辆，两侧装有靠背长凳，供人们休闲娱乐、赏景歇息之用。

3. 南北二亭

两溪河村南北二亭中的南亭为灯盏亭，位于两溪河卢家院子以南半山腰的灯盏凼。从卢家院子沿河而下300米，进入灯盏亭的步行栈道约400米，站在灯盏亭上，抬头一望，银石板、神仙垮、月亮岩山脉的奇峰秀岭和变幻莫测的九天云霞尽收眼底；俯首可见小桥、流水、古树、人家的卢家院子。灯盏凼如同古时用油泡灯草点亮照明装油的盏，里面小景宜人。坐在灯盏亭里，夏天可尽享山野里送来的徐徐清凉。

北亭为神仙亭，位于神仙垮下的一个小岩屋外面，是国家级自然保护区七姊妹山主峰的延伸地带，与灯盏亭南北相望。神仙垮峰岭相接、山垮相连，形态各异、山形奇特。传说神仙亭是七仙女常游玩的地方，常年云遮雾绕，亦真亦幻，如同仙境。在卢家院子的广场上，举目可见神仙亭及其别致的山峰。沿步行栈道约200米登上神仙亭，在神仙亭可

神仙亭（吴明清 摄）

赏神秘山水，观四季风云。

（二）建房仪式

两溪河村房屋建筑多以木质结构为主，多为半边吊脚楼风格。一般为"五柱四骑"穿斗式构造，以三间为多，堂屋居中，堂屋屋脊由横梁连接。建房的梁木，一般都由女方的娘家人赠送，而且要挑生长旺盛、树兜发有多根的树木，并且树干粗而直的杉树为梁。在梁木的砍伐和运输途中都要特别注意，还讲究砍好后抬上肩不能停步，直到屋场，以图吉利。立屋的那一天，主人的亲朋好友都会到场祝贺，而且会有一系列具有民族特色的仪式举行。立排扇的时候，掌墨师（造房师傅）也会有祝词（见图）；当房屋的排扇立起以后，在搁梁木的时候，要举行特别的仪式——建华堂，流程如下。

开场词（引子）。"走忙忙，走忙忙，连忙几步到华堂，红包利市排成行。开金口，

长潭河掌墨师龚伦会宣布立屋起扇（吴明清 摄）

露银牙,子子孙孙享荣华。开金口,开金口,开来金银堆百斗。"木匠出场,引子开唱,主人欢心,皆大欢喜。屋主大富大贵的愿望从木匠那里脱口而出:只要上了梁,新屋落成了,从此就可以荣华富贵。于是,主人兴高采烈,匠工红包"成行"。

赞红。上梁前,木匠师傅用一丈零八寸(约3.59米)或二丈零八寸长(约6.92米)的红绸或万年红布包梁,叫作披红。此时要唱披红歌,祝主人家吉日大吉。这块吉祥的红布,在梁木左右各缠了三转,预兆生贵子、点状元,黄金万两,儿孙满堂,富贵平安。

祭梁。用鸡血治煞,并把鸡夸奖得无比神奇。王母娘娘的鸡,在昆仑山开叫,其神通广大,鸡血治煞,百治百灵,治天煞归天,治地煞归地,年煞月煞日煞,木马板凳煞,见血回头。将鸡点一点,可乘黄梁伞,穿紫衣,金银用斗量,状元榜眼探花郎。

立屋上梁(吴明清 摄)

赞梁。赞梁的内容篇幅最大，内容充实，想象丰富，一般为全歌的三分之二。例如：梁木乃珍稀乔木，生在昆仑山，长在八宝地，王母娘娘栽种，东海龙王培管，张郎打马而砍，鲁班驾云而放。出梁的时候，一斧砍下去，"紫云"开了、"玉带"来了、"生贵子"了、"点状元"了、"坐龙庭"了。梁造好了，又是"斧头落地，买田置地。先"买"湖广，再"买"陕西。在紫云开的时候，木梁挂红，"左缠三圈生贵子，右缠三圈点状元。"

赞楼梯。攀梯上房，普通木梯也成了鲁班造的云梯，二十八宿所架，上达天，下达地。登上去，从一步到十步，全是金榜题名的词句：一品当朝、二朵金花、三元及第、四海扬名、五子登科、六位高升、七星伴月、八面威风、九把黄伞，脚登十级，身骑红马点状元。

赞屋场。吉词曰：新屋建在龙头上，上有犀牛把口，下有青狮白象，左有金鸡报晓，右有五马跑朝。其配套建筑，也是豪华的黄鹤楼、绣花厅、观戏堂和书房，大门左右是狮子和大象，还有一对摇钱树。

赞粑粑。梁木安装好了，赞梁师傅向下一边抛撒粑粑（一种吃食），一边吟唱。主要是将粑粑原料大米的来之不易、割谷刀的珍贵、主人的真诚告诉天地和众人。为了这粑粑，"三月捶草裹索，四月打鼓插秧。""粒儿姜黄"时，请北京铁匠打刀，请南京木匠斗把。粑粑制成后，主东没有吃，匠工没有尝。主人所期望的是，粑粑就是金元宝。"元宝一对，万年富贵。元宝一双，陈谷满仓。元宝元宝，子孙福好。"

赞酒。屋梁架好后，主东设酒宴酬劳匠人，匠人在席间用酒赞颂：这祭梁酒，分明是杜康制曲红绿所造、王母娘娘喝的蟠桃酒，皇宫里面的玉筵酒。这样，再穷的主东也会给匠人较高的报酬。如此，庄重的上梁仪式就算结束了。

起扇辞。吉词曰：吉日良期，修立华堂，鲁班在此，大喜安详；东边一朵祥云起，西边一朵紫云开，祥云起，紫云开，鲁班差我起扇来；弟子手拿一只鸡，生得头高尾又低，头顶菊花朵朵鲜，身穿五色锦毛衣；说此鸡，讲此鸡，说起此鸡有根底，从前世上无鸡叫，如今人间有鸡啼。唐僧西天去取经，带了鸡蛋转回程，一共三双六个蛋，六个三对金鸡群。昆仑山上抱鸡蛋。凤凰窝里鸡长成。

大哥飞往天上好似凤凰,二哥飞往海中好似龙王,只有三哥飞得好,飞到弟子手中藏。弟子手拿一把锤,此锤不是凡间锤,原是张郎斗的把,鲁班给的黄金锤。金锤一响震动天,天上众仙归仙班;金锤二响抖动地,地脉龙神都回避;金锤三响惊醒雄鸡,金锤雄鸡阻拦煞气。天煞归天,地煞归地,年煞月煞日煞时煞,一百二十个凶神恶煞,煞煞到此,见血回头。张郎在此,鲁班在位,前后左右人排齐,老老少少齐着力,弟子喊将一声"起"!

修建华堂(吴明清 摄)

拜梁辞。吉词曰:忙忙走,走忙忙,一步走进新华堂,各位亲朋请雅静,细听愚下拜栋梁;华堂里头打一望,新建华堂真漂亮;岩匠师傅,师傅岩匠,巧匠能工,能工巧匠,几个磉墩,很有名堂;前檐柱一对打得好,打个二龙来抢宝,中柱一对打得强,打个双凤来朝阳。后檐柱一对打得精,打的狮象配麒麟。一条黄龙困中堂,不是黄龙是栋梁。

甲：栋梁栋梁！生在何方？长在何方？

乙：生在凤凰山上，长在九龙头上，生得又粗又长，长得又直又光。

甲：哪一个赐它生？哪一个赐它长？

乙：太阳公公赐它生，露水娘娘赐它长。

甲：有好多树叶叶？有好多树丫丫？又有几枝朝东长？又有几枝朝西趴？

乙：树叶叶绿茵茵无其数，树丫丫弯弯曲曲一扒拉。又有七枝朝东长，又有八枝朝西趴。

甲：哪一个得见？哪一个得知？哪一个云中打马而过提斧来砍？哪一个又把尺量提锯来裁料？

乙：张郎得见，鲁班得知。张郎云中打马而过提斧来砍，鲁班又用尺量提锯来裁料。

甲：头截做了什么？二截归了哪方？三截又做了哪行？

乙：头截修了金銮殿，二截修了孔夫子学堂，只有三截不长不短，不短不长，主东做起了万代栋梁。

甲：什么好似一对鸳鸯？什么一把齐齐桩桩？什么一把路路行行？什么一把溜溜光光？什么一个坦坦平阳？什么一个好似凤凰？

乙：木马一对好似鸳鸯，锉子一把齐齐桩桩，锯子一把路路行行，斧头一把溜溜光光，刨子一个坦坦平阳，墨斗一个好似凤凰。劈中一墨线，弹得金银满堂。

开梁口辞。吉词曰：斧头锉子拿在手，我给主东开梁口，开梁口开梁口，开得金银满百斗。

甲：说开梁口先开东，主东有福百事通，富贵荣华享不尽，稳坐宝地如龙宫。

乙：你开东来我开西，主东万事都如意，华堂今日落成后，富贵好似上云梯。

缠梁辞。

甲：翻过梁木背朝天。

乙：滚龙翻身变银山。

甲：手拿金带长又长，拿起金带缠屋梁，左缠三圈开金铺，右缠三圈开银行。

乙：你缠梁头我缠尾，主东坐起百事美。主东坐在金山上，金银山脚出银水。

升梁辞。

甲：两根中柱左右立，青龙抬头上梁脊。

乙：东西两头齐着力，主东发财从今起。

上梁辞。

甲：锣鼓喧天鞭炮响，恭贺主东造华堂。修华堂，造华堂，赞华堂，颂华堂。人满堂，客满堂，亲满堂，朋满堂，金满堂，银满堂，钱满堂，粮满堂，福禄寿喜满华堂，千古落成百世昌。

乙：走进华堂行个礼，有请主东道恭喜，早未帮忙莫见气，只因愚下缺劳力，今逢良辰与佳期，愚下拜望是良机。拜鲁班，拜张郎，拜岩匠，拜木匠，拜了师傅拜内行，上梁我是门外郎。隔行如隔山，隔山不内行。言语不妥当，敬请多原谅。

甲：新修华堂几敞亮，高楼大厦好向阳，哪位仙人定的向？哪位神仙造的梁？哪个良工起的样？哪个巧匠彩华堂？哪个能手安磉墩？哪个壮士开屋场？

乙：新修龙厅亮堂堂，金银财宝满华堂，白鹤仙人定的向，鲁班仙师造栋梁，掌墨师傅起小样，神仙妙手彩华堂。八大金刚安磉墩，八百勇士开屋场。

甲：一座华堂四角方，两根中柱抬匹梁。哪里请的巧帮工，金银塞满地脚枋，主东坐进新华堂，千秋万代世世昌。

乙：一座华堂四只角，紫金梁木中间搁，华堂开满富贵花，富贵花开永不落，主东坐进新华堂，家和人和万事和……

二、岁时节令

1. 过社

"社"即按照甲子推算,自立春之后的第五个戊日即为"社"日,这个日子,都要做"社饭"。民间神话体系中分管土地的神叫"社",分管五谷的神叫"稷"。古代常用"社稷"代表国家。"社"是土地神生日,现已成为"尝新"日。这一天,人们都会采摘既嫩又新鲜的社蒿枝叶,切成末,挤出苦汁,然后炒干备用。准备糯米、籼米、腊肠、腊肉丁、油豆腐颗等食料拌匀,上甑蒸熟后,色鲜味美、香气扑鼻,合家欢聚而食,实为侗乡之特色佳肴。

2. 赛歌节

农历三月初三为赛歌节,又称玩山节,为侗族人的节日。侗乡人认为,阳春三月,草木逢春,春暖花开,是为吉日,人们走亲会友,买卖交易,好不热闹。青年男女更是收拾打扮,艳装赶会,以歌传情,寻觅知音。如果男女青年相互相中,便会邀约到风景优美、环境幽静的地方约会,互赠定情信物。随后便会请媒人并按照侗乡婚俗习惯订婚。这是侗族人自由恋爱的一种特殊形式。

3. 过大年

农历腊月三十或二十九一早,侗乡人就吃团年饭。在吃团年饭之前,大人们首先要"搁筷子",即在碗里盛少量饭,用酒杯倒少许酒,然后在碗和杯子上放上一双筷子,所有的人都不能坐在椅子上,大人们嘴里叫着已故的先人来吃饭,谓之"叫饭"。"叫饭"毕,放下筷子,端来热茶,在桌子四方的地上各倒一滴茶水,叫祖人们都来喝茶,然后燃放鞭炮,这个时候全家人便可以坐下吃团年饭了。吃完团年饭,小孩们将随着大人们一起去给已故的祖先们"送亮"(在坟前上香)。之后,小孩们就用碗端上些饭,拿一把刀去给屋边的果树"喂年饭",即在每棵果树身上砍开一条小口,然后放上几粒饭,饭粒上贴一张纸钱,而且嘴里还念念有词,一问一答,如"一个问肯不肯结?另一个答肯结;结多少?结很多"。

给果树喂完年饭后,就等天黑时"放路灯"。大人们先给孩子们放路灯要用的蜡烛,天刚黑时,孩子们就拿着大人们事先准备好的蜡烛,沿房前屋后一路燃放（点燃后插在地上），嘴里使劲喊着"赶毛狗，赶毛狗，赶到（某某）大门口"。因为是山区，隔河相望，灯火辉煌，年味十足。放完路灯，一家人就会坐在火坑旁守岁。大人们还会给孩子们一定的"压岁钱"。这一天家里火坑会烧上最旺的火，一家人其乐融融，直到迎来新年的钟声，一家人才会安然入睡。

4. 杀年猪

测吉日杀年猪，找亲朋好友帮忙。杀年猪用纸钱在血口上沾猪血，烧香化财表达对来年六畜兴旺的祝愿。过年吃猪头和猪尾，象征有头有尾。

5. 打粑粑

打粑粑要看日子，在看好日子的前一天要打扫清洁，如洗桌子（大桌子3～4张，小桌子2张），然后泡粑槌、刷粑款、锯柴、挑水、淘米、打扫堂屋等，小小农家忙活得像办喜事一样。

第二天照例在堂屋里燃过香烛，帮忙的伙计中穿着单衣的壮汉、系着花围腰的妇女和孩子们都齐集在堂屋、阶檐等待着主妇端上第一盆粑饭，孩子们都会自觉地围过来跟着大人喊着："吃粑粑呀，吃粑粑呀！"第一盆被抓得所剩无几，主妇再从厨房里装上一盆，两个壮汉手持粑锤，先是围着粑款轻轻地擂着、擂着，当饭团相互粘连着后就举锤轻打，再用力反复打至饭团粘锤。打好后由一人从粑款里起出放在抹过油或撒上面粉的小桌子上，滚呀滚呀，分成两三小坨捏成圆坯，又叫"出坨子"，经小孩拿走摆在干净抹油的大桌上，拉开距离，行对行排对排，两个大人再把一张大桌子四脚朝天翻过来压在粑坯上。孩子们爬在翻过来的桌上面，有的还由大人抱着放在上面蹦着跳着笑着。压好了，孩子们就一个个地从桌上跳下来，大人再翻过桌子，孩子们抢着把粘在两边桌上压扁的粑坯在大人的指挥下，按大小五个一摞地摞好摆在第三张大桌上，下一盆又开始了。

粑粑最好打的是粉粑粑，其次是小米粑粑，难打的是糯性强的糯米糍粑，最难打的还是高粱粑粑，特别是梗籽籽高粱粑粑，一般打的数量较多，既费力又费时。

三、自然景观

（一）山羊溪

由七姊妹山南侧多条山溪汇聚而成的山羊溪，四周峰高谷深，地貌独特，十来户人家相邻成寨。曾经是到椿木营的古道之一，有客栈一家。现有接待客人的宾馆，能同时接待30人入住，有农家乐一家。

山峰耸立入云天，沙滩篝火夜不眠。有"夫妻山"双峰并立，从谷底直插云霄，与轿顶山遥相呼应，"神笔峰"位于猫虎岩的尾部耸立溪沟之上，山巅云雾缭绕，山下溪流绕寨。宽60米、长千余米的溪边沙滩，可供300人参加的篝火晚会和全羊烧烤，现代歌厅音响可让游客一展歌喉……这里是摄影爱好者常去的地方，一栋栋吊脚楼彰显个性，富有侗乡韵味。

山羊溪篝火晚会（吴明清 摄）

冬天站在轿顶山腰的公路上，踩在洁白的雪里，发出"吱吱"的响声，留下一双双崭新的鞋印。从悬崖边俯首望去，冰天雪地群峰相拥的山羊溪，一栋栋依山而建，独具特色的农舍，不见青瓦，没有行人，只有烟囱冒出的炊烟。村民们把所有的温情融入那袅袅烟雾里。

（二）银石板

银石板位于七姊妹山核心区内，海拔 1320 米，一块巨大石板在阳光照射下呈银白色。这里地势险要，只有三处从陡峭的山崖能进入。早年有位叫汪昌祥的农户，曾在银石板修建九头五柱四骑木房。

这里有"一夫当关，万夫莫开"之势，易守难攻。1949 年 4 月初，曾任国民党陆军第三十三师 194 团上尉连长、宣恩县保安警察大队长的朱冠军，迁到七姊妹山中地势险峻的银石板，成立"川湘鄂边区人民自救军司令部"，自任总司令。还在各地组建"民众自卫团"招兵买马，征集粮草，大筑工事，准备抵抗解放军的攻打。"总司令"的美梦没做几个月，中国人民解放军挺进恩施。1949 年 11 月 10 日宣恩县城解放，次日攻占长潭河。在人民解放军强大的军事压力下，朱冠军万般无奈不得不带领部下到长潭河乡政府向人民解放军投诚。从此，银石板远离硝烟，回归自然。

（三）月亮岩

月亮岩海拔 1600 多米，是两溪河村制高点，山崖一岩壁终年不被雨水浸湿，夜间如同一轮月亮，故名。月亮岩海拔落差大，垂直气候变化明显，利于植被生长的多样性。月亮岩一年四季风光好，四季风光各不同。如果秋天到月亮岩，可以看到漫山遍野红、黄、绿、白相间的色；如果冬天下雪后到月亮岩，月亮岩会更加充满神秘色彩。

（四）千年马宁光

从寮叶溪峡谷下车，沿手爬岩陡峭山崖，经藤蔓缠绕的森林，步行约 40 分钟，在一片寮叶林里，可以看到一对生长在陡坎上刚劲挺拔、像两柄利剑直刺山崖的千年马宁光。马宁光根部坚实发达，树干粗壮光滑，抗风能力强。距千年马宁光 30 米处的小峡谷里，有一处 60 米瀑布高悬，溪流潺潺。

（五）天生桥瀑布

天生桥瀑布是寮叶溪峡谷中的一处支流，山势陡峭。可下车步行 20 分钟山路，在布满寮叶的山谷里，一观瀑布高悬，二看天生桥的天然组合。也可以坐在天生桥上听松涛鸟鸣，到悬崖看奇山秀水，在光石板上的溪水里体验险滩劈浪。

野椒园村

——人间秘境藏晓关

野椒园村是宣恩县晓关侗族乡所辖的一个行政村。该村野椒园侗寨由张氏侗寨和杨氏侗寨组成,寨内古民居、古树、古墓群、古作坊、古民俗、古语言、古鱼(大鲵)等遗存,显示了野椒园村历史文化的厚重。村寨有侗族大歌、薅草锣鼓、传统造纸工艺、鞭炮制作工艺等,有的被申报非物质文化遗产。两寨所依之山如昂首奋蹄之骏马,少祖山则如腾飞之龙,其"水口"蜿蜒曲折,加之百年古侗寨、千年相思树，四周茂林修竹、烟霞云霓，可谓风景胜地。这里群山拱卫，山环水绕，曲径通幽，如诗如画，更奇特的是"人到村寨前，不见村寨影"。故有"人间秘境"之美称。2014年7月，野椒园侗寨被湖北省人民政府公布为省级文物保护单位，2017年11月，野椒园村被列入第三批中国传统村落名录。

野椒园张氏侗寨（吴明清 摄）

野椒园村位于晓关侗族乡东南部，地处马鞍山脉南麓、贡水河北岸的七沟八梁之间，东与长坳村相接，南与坪地坝村接壤，西与宋家沟村交界，北与高桥村相连，232省道穿村而过，村委会距省道1千米，距晓关侗族乡集镇高速出口9千米。

野椒园村为黄壤和石灰石地质结构，西北为页岩型砂岩地质，平均海拔约720米，属中亚热带季风性湿润气候，年均气温约15.8 ℃，无霜期294天，年降水量1491.3毫米，雨量充沛，植被葱郁，四季分明，冬暖夏热，气候适宜居住，是冬季避寒的好地方。

野椒园村历史悠久，"川盐湘运"的古道环绕其间。早在秦汉、唐宋时期就有人类在贡水河流域繁衍生息。古代原居民曾居住过的老屋场、邱家湾、孝宗屋场、龚家坳、田家坡等地名遗迹，有待专家考证。元、明、清时，野椒园村属施南土司地，清改土归流后属宣恩县石虎里，民国时期属十一保，中华人民共和国成立后属晓关区高桥乡，1958年后属晓关区高桥公社，1984年为晓关区高桥乡，1996年11月撤区并乡，属晓关乡，2001年3月为晓关侗族乡辖。全村辖9个村民小组，共198户626人。野椒园村面积5.7平方千米，耕地面积548.41亩，退耕还林面积605.9亩。2018年全村总收入1649万元，人均可支配收入12421元。

野椒园村传统生产方式以农耕为主，主要物产有水稻、玉米、马铃薯、红薯和豆类等；经济作物有茶叶、枇杷等；传统手工业有土法造纸、鞭炮制作、纺织、印染、榨油等；养殖业有养猪、养牛、大鲵养殖等。村民以侗族为主，至今仍保留着传统农耕时代的侗族经济文化特征。

一、多彩的建筑

（一）野椒园侗寨

野椒园侗寨坐落在晓关侗族乡野椒园村的贡水河北岸。贡水河是宣恩的母亲河，源自咸丰县出水洞，弯曲向南折东流，经咸丰县龙坪，进入宣恩的甘溪、野椒园、蚂蚁洞、桐子营，经宣恩县城至中间河、两河口注入清江。贡水河流到甘溪经野椒园到桐子营一段，两岸山脉沿河相对而行，两岸村庄星罗棋布，海拔从500多米到1200米拾级而上，形成了植被丰富、四季变换的独特河谷风光。

野椒园侗寨就像一颗明珠镶嵌在贡水河北岸风光旖旎的马鞍山下。马鞍山脉西自卡门，东至堰塘坪，绵延近百里。马鞍山主峰海拔1214米，自马鞍山主峰延伸出支脉青龙山，犹如一条青龙蜿蜒南下至贡水河，又形成一座高高的漆树坪奇峰。张氏侗寨和杨氏侗寨就隐藏在这青龙山的腰腹两侧，青龙山像呵护自己孩子一样用手臂环护着古寨。

张氏侗寨和杨氏侗寨相距约500米，侗寨之间有古道相连。侗寨距椒石省道不足1000米，是一处很难被人发现的"人间秘境"。"人间秘境"的含义有三：一是这里山环水抱，群山拱卫，小河流淌，曲径通幽，人与自然和谐相处，人与建筑密切相依，极富天人合一理念；二是该村落虽然离省道公路很近，却掩映在青山绿树丛中，不容易被人发现，让人有"人到寨前不见寨"之感；三是侗寨四合水天井式吊脚楼鳞次栉比，四合水天井式吊脚楼、撮箕口式吊脚楼、钥匙头式吊脚楼依山傍水而建，寨内道路蜿蜒曲折，犹如走进迷宫一般。据省州专家考证，野椒园侗寨是武陵地区迄今民居保存最为完整、生态赋存良好、文化资源最为丰富的侗寨，建筑艺术也独具特色。古寨、古树、古风是侗寨的底色，"枯藤老树昏鸦，小桥流水人家"是侗寨的真实写照。

1. 张氏侗寨

张氏侗寨始建于清嘉庆年间，距今210多年，被州内专家誉为"武陵第一古侗寨"（见图），现为湖北省文物保护单位。张氏侗寨建在一圈椅形台地上。寨子东南入口处有一棵600年的古枫，傲然挺立。张氏侗寨寨前是长沙河，发源于马鞍山主峰，流经寨前经长沙坝汇入贡水河。张氏侗寨为西南—东北走向，由3个紧密相连的四合水天井式吊脚楼群和12个单体吊脚楼组成。四合水天井式吊脚楼群，建筑面积1780.8平方米；单体吊脚楼建于民国时期至二十世纪五六十年代，面积约1000平方米。张氏侗寨聚族而居，其民居建筑文化资源丰厚。3个四合水天井式吊脚楼，围绕院坝四面建房，东西两头为厢房，前有朝门，中有通道，形成两进，其中院坝称为四合水天井。房屋两层或三层，屋内有"半边火炉"和神龛、雕窗窗户、燕子楼、扫檐万字格、鼓钉磉礅等大量富有侗族特色的历史留存。

张氏侗寨幺房吊脚楼（吴明清 摄）

张氏有历史沿袭的建房规矩：不建虎座形，只建七柱四、五柱四、五柱二等风格的房屋；所建房屋均精雕细刻，古朴生动。天井外的二屋建成吊脚楼，下为猪栏牛圈、过道和住户如厕地。中间天井院坝为石板铺成，房屋修建相对较早，也很完整。张氏侗寨还建有私塾、街市、粮仓、造纸作坊、炮火作坊、造香作坊、榨油作坊、纺织作坊、庙宇以及古井和茗窖等。

半边火炉，又叫半边火铺，因房内半边铺有木板，另半边没有铺木板而得名。

半边火炉是侗族人民神秘且神圣的存在，它是侗家平时议事和接待客人的重要场所，规矩多，禁忌大。那没有铺木板的一方，或者妇女操持炊膳的一方，外来客人是万万不能随便去坐的。如果要去坐，犯了禁忌，当场就会受到主人指责。它虽为侗家常用之厅，但又是娶亲合欢堂，丧葬礼仪堂和客厅、餐厅，以及平时作炊膳取暖之地。侗家口角纠纷、起屋造房、相亲说媒、红白喜事等，都要在半边火炉上议定才能有效。在娶亲接媳妇时，新郎、新娘在拜天地祖宗之后，要接进半边火炉同吃"和气饭"，同饮交杯酒。侗家老人归天时要在半边火炉旁嘱咐子孙，并举行殡仪礼俗。半边火炉反映出侗家诸多礼仪风俗，相沿至今。

张氏侗寨建筑的最大特色就是四合水天井式吊脚楼。即在天井正屋前面的二屋建吊脚楼，这种建筑样式在恩施州甚至整个武陵地区几乎是独一无二的。这也是张氏侗寨之价值所在。张氏侗寨的四合水天井式吊脚楼建筑楼群布局紧密，走廊通道循环往复，排水沟渠明暗相间；整个院落以张氏群聚为主，散居次之。原顺东南山梁还建有护墙。整个侗寨地处隐秘，不易被人发现，极具防卫功能。张氏族人为防土匪抢劫，寨前筑有高坎，寨后挖山成坎，栽种竹林，护住高坎，均可防土匪入侵。东头有大山阻隔，只有西头古枫下唯一的一条路可进入寨内。寨内族人会做炮火，爱玩火枪，房屋上堆有礌石。清末至民国期间，曾有土匪多次投石试探，均因防卫甚严，未敢攻寨抢劫。由于张氏侗寨特殊的地理环境，人们即便来到寨前，也难得一见其真容，显得隐蔽而神秘。

2. 杨氏侗寨

杨氏侗寨坐落在马鞍山南麓的马上湖，马上湖因寨旁有一个湖（水塘），湖旁有一个小山呈马鞍形，故名。寨南20米有一个小山包，山包上有一棵约1200年树龄的红豆树，落叶长叶时间不定，为宣恩县珍稀古木之一。先祖杨昌松于雍正年间从湖南保靖迁入，现有35户150多人，全部为杨姓，寨内有18个堂屋，堂屋内有神龛，供有家神，有先祖墓地。院落两旁有两条小溪绕过，在两条小溪边，都建有造纸作坊。

中国传统民居建筑讲究对称，屋宇正堂与大门必须在一条中轴线上，但杨氏侗寨却例外，"院子大门朝旁开"是其独特之处。当人们看到这道门躲开周边拥挤的楼群，将门前石板路延伸到翠竹掩映的红豆溪时，自然会感受到这怪异布局中独辟蹊径的合理性。

　　杨氏侗寨前水井堡上参天耸立的红豆树王，与古寨相映成趣、相得益彰。施南侗乡文化区域内典型的侗民聚居部落在建筑选址、建筑规模、建筑技艺、人居环境等方面均可称之为民间建筑之范例。

　　野椒园侗寨的建筑材料通常选柏木、松木、杉木等树种，这些树种质地细腻坚韧，防水性好，不易变形。屋顶为坡屋顶，"人"字屋面，下雨时，可以看见云雾缭绕的瓦面，雨帘像瀑布一般。窗有两种风格，一种为木头做的直棂窗，即以简单的直棂交错为主；一种为"万"字彩花图案窗，窗花对称严谨，窗框外一般以赤色、青色等颜色做彩绘，清新朴素。吊脚楼的门主要是六合门，六合门有真假六合门之分，主要以假六合门为主，庭中二开，两侧为窗，窗户均为镂空花样。神龛设在堂屋后壁上，中部横衬木板，叫神台，上面放置侗族的

野椒园新侗寨全景（吴明清 摄）

女性神"萨岁"（意为创立村寨的始祖母）。吊脚楼为适应坡地地形，底层架空，用来堆放柴草杂物或养家禽牲口等。在二楼外做转廊，并在转角挑出房檐，转廊出挑较大，均不落地，从底下仰视，如同吊在半空，故称吊脚楼。吊脚楼是穿斗式结构的一种，又有别于普通穿斗建筑。

野椒园古侗寨是武陵地区珍贵的古民居典范，它的建筑文化、宗教信仰、民风民俗，音乐歌舞、作坊工艺、族群语言等是研究西南少数民族历史文化、民俗文化、族群文化、语言习俗的活化石。

野椒园村除侗寨外，还在七组和八组交界地龚家堡修有一个新侗寨。该侗寨有全木结构的3个门楼、5个天井，坐落在砌起的两个台基上。两个房屋有游步道相连，门楼内、天井中为公共区域，为村民举办酒席、合族议事场所。现侗寨的屋与屋交界处的空地安装有健身器材，建有游客使用的公共厕所。

新侗寨天井大门（吴明清 摄）

（二）张氏古墓群

张氏古墓群主要建于清朝和民国时期，位于张氏侗寨寨南的红沙山，共24座，其中14座有碑文。墓葬依山顺势，呈集中层级分布，状如金字塔形状。金字塔尖是先祖张先耀夫妇墓，其子孙墓层级而下，尊卑有序，多有合葬墓。墓碑按同治、光绪、民国、中华人民共和国成立后四个时间点竖立，墓碑为青石，碑刻图案多样，工艺精湛，代表着当地侗家不同时期的墓葬特点。墓碑行文有楷书、行书、草书，雕刻采用透雕、浮雕等多种手法，图案有梅、兰、竹、菊、二十四孝等，其中以渔、樵、耕、读为主题的墓碑采用浮雕画展示，体现出文字内容与绘画、浮雕艺术的高度融合，值得细细品味。整个墓葬的碑刻风格上写意与写实相结合。其书法、雕刻、绘画都达到很高的艺术水平，具有很高的学术研究和旅游观赏价值。

（三）八角庙（飞山庙）

张氏侗寨前面的小河桥头西侧曾经有一座八角庙。该庙为两层木质建筑，八角重檐攒尖式，十分壮观。前面砌有30级石梯，进入大殿，供奉有观音菩萨、如来神像、禹王神像、关公神像、飞山公神像等。1928年11月下旬，贺龙率红军从此地经过，曾在八角庙中作短暂休憩。八角庙于20世纪60年代被毁，现遗址及石梯尚存。

（四）造纸作坊

野椒园侗寨有传统造纸作坊，最多时遍布于溪边或泉水边，数量有近20个。过去，传统造纸是野椒园村发家致富的产业，后因受到现代造纸业的冲击而衰落。现仅存两三家造纸作坊，还能见到榨竹麻的麻塘，碾竹麻时用牛拉的近两米半径的石碾，操纸时的人字形小屋，屋中有储存纸浆的石槽，榨纸的木榨等。

造纸作坊（张建平 摄）

二、乡风民俗

（一）生产习俗

野椒园侗寨主要种植水稻、玉米、马铃薯、红薯、豆类等，在清朝和民国时期，种植棉花，当地人从事纺织。

野椒园侗寨有整栽秧酒的习俗。每年栽秧（插秧）都要置办酒席，整栽秧酒，目的是吸引劳力，搭伙干活热闹一番。传统的水稻在谷雨后播种，小满时秧苗长到一定的程度，要及时移栽，有"秧奔小满谷奔秋"的俗语。在这繁忙的季节，寨民怀着喜悦的情绪,家家户户把栽秧劳作看得十分隆重,形成一种整栽秧酒的习俗。

栽秧时水田讲究"三犁三耙",栽浑水秧。栽秧的当日,天刚亮就下田了。耙田的耙田,扯秧的扯秧。早饭后,耙田的在前面耙,栽秧的在后面赶。开始栽秧了,一般是由栽得最好的人带头,每人栽四列,横成行,竖成列,依次排开。栽秧时左手分秧、右手插秧,肘部悬空。

弯田栽秧讲究"随弯就弯",方正的大田为了增加工作面,先由秧把式居中栽一条直线出去,俗称"打俩(lia)",两边依次安排人手。栽秧的深浅要适度,深了秧不长,浅了要漂起来。面积大,路程远的,上午栽不完的,中午得送点酒食在田埂上吃,一般一天栽完,晚上喝栽秧酒,吃盖碗肉,酒足饭饱,皆大欢喜。

(二)生活习俗

野椒园侗寨在语言方面出现独特的"双语"现象。沿袭宣恩侗家分家不"别居"的习俗,这里的张姓是合族而居。60岁以上的老人讲"土语"和汉语两种语言,寨内自古有"新媳妇"进门三天就讲"麻阳话"的习俗。现侗寨沿用的"土语",其间夹杂有大量汉语词汇,语调与普通话、宣恩方言有较大差别。经专家考证,属湖南麻阳方言,现在会讲的人正逐渐减少。

野椒园侗寨具有丰富独特的饮食文化。侗民喜食酸、辣、酒、糯。家家有酸坛,户户有酸菜。曾有"腌鱼糯饭常留客,米酒油茶宴嘉宾"的佳话。辣味是侗家菜食上的一大特点,每菜必辣。特别是酸坛里泡的红辣椒,人人爱吃。侗家不但好客,而且好酒。古时自制米酒,凡遇客人,必请饮酒。有"茶三酒四烟八杆"的说法。侗家喜好油茶汤、合渣、豆腐,如今油茶汤、张关合渣、晓关豆腐已成恩施州名吃。春节前或婚嫁之时,侗家都要打糍粑,以糯米糍粑作为招待宾客的食品以及送礼的礼品,是必不可少的。糍粑为圆形,直径尺许,洁白如玉。送礼时以一对相赠,暗喻好事成双,象征"纯洁、圆满、和睦、友好"之意。

宣恩县传统村落

野椒园侗寨著名特色古席"十大碗",是侗家待客的最富寓意的席面,是野椒园侗寨具有典型地域特色和浓郁民族风情的饮食习俗。当地有顺口溜:"七抢八盗九江湖,十碗才是待贵客。"家中来了贵客,侗家上菜"十大碗",取其"十全十美"之意。"十大碗"有五碗主菜:第一碗叫"墨鱼丝",取"年年有余"之意;第二、三碗是"大肉",取"慷慨大方"之意;第四碗名"肠汤",取"久长久远"之意;第五碗叫"心肺",即切成三角形的油豆腐片,加猪心肺片,取"客人费心、主人会意和相互心领神会"之意;其余五碗为和(huó)菜。

侗族拦门酒,是侗族节日和婚嫁喜事必不可少的节目。贵客到来,进门前先要经过这道拦门酒的考验。凡重大节日和婚嫁活动,主人都会在寨门或家门前用鲜竹做一道迎宾门。门前横一根竹竿或红绸带,并用桌子或二人凳拦住,桌上放着腌鱼、腌肉或其他肉类下酒菜。用红线或花带吊着一只牛角,一头拴在迎宾门的正中央,一头拴在牛角的角尖上,盛上酒,拦门的姑娘或媳妇用手捧着等着客人到来。喝过"拦门酒",主人会给客人奉上下酒菜,并用手把菜送

喝拦门酒(张永耀 摄)

到客人嘴里。当姑娘们敬酒时,客人千万不要用手去碰牛角或碗,只需垂下或背着两手,仰脖伸嘴去接,这样一个姑娘敬一口也就算过关,不致醉倒在门外。

"拦门酒"是侗家人待客的一道靓丽的风景线。如今,拦门酒已走入了旅游市场,在一些旅游景区,在各大商场宾馆开业的仪式上,都会有拦门酒。场面宏大的,会扎着彩楼,挂上灯笼绣球,舞起狮子,敲着花鼓,吹起唢呐、木叶,唱着侗歌,一排排服饰艳丽漂亮的姑娘端着一碗碗清纯的苞谷酒、糯米酒,笑盈盈地亲手端至人们的唇边,请人们喝酒。

"合拢宴"是野椒园侗寨招待客人最隆重、最高贵的礼节。侗族是一个民风古朴、热情好客的民族,一直以来就流传着"抢客"的习俗。有抢不到的,那么就只好到客人多的家里去商量,要求分客人。客人多的家里不同意,则提出建议:没有客人或客人很少的家里可将自家的食物搬过来一起吃,桌子不够就架板子拼起来,这就是后来的合拢宴。

合拢宴一开始,首先由家长、族长、寨老端杯致欢迎辞,之后宴会才开始。

吃合拢宴(张永耀 摄)

喝酒一般要喝"转转酒"以示亲热，也称"串杯"，吃菜要吃"转转菜"，一家的菜碗一人接一人传过去，人人都能吃到。吃合拢宴是侗族人民给客人的一种荣誉，能获此厚遇必非一般客人。这一习俗历时久远。

宴会结束后，有的还要举行象征民族大团结、侗族繁荣昌盛的篝火晚会。几百人围着篝火跳起侗家的多耶舞，场面十分欢快，将侗乡的节日气氛推向高潮。

（三）侗族服饰

侗族女子平时穿着便装，讲求实用。但是每逢侗族传统节日到来，侗族美丽的姑娘们就会将自己珍藏的节日盛装穿戴起来。

侗族服饰（张永耀 摄）

女裙分季节，多用黑色。讲究色彩配合，通常以一种颜色为主，类比色为副，再用对比性颜色装饰。主次分明，色调明快而恬静，柔和而娴雅。女子春节穿青色无领衣，围黑色裙，内衬镶花边衣裙，腰前扎一幅天蓝色围兜，身后垂青、白色飘带，配以红丝带。

男穿对襟短衣,有的右衽无领,包大头巾,女子上着大襟、无领、无扣衣,下穿裙或裤。惯束腰带,包头帕。用黑、青(蓝)、深紫、白四种颜色。黑青色多用于春、秋、冬三季,白色多用于夏季,紫色多用于节日。

(四)岁时节令

野椒园侗寨有过重年、吃合米饭,腊月二十三打扬尘敬灶神,二十四过小年,腊月三十敬路烛、烤大火等习俗。正月初一过大年,上九日出灯、正月十五收灯。"三十夜的火,十五的灯。"十五那晚天亮前将灯付之一炬,安心地去搞农业生产,避免"玩物丧志"。三月三赛歌,山歌腔调高亢优美,独具特色。劳作之时,或登山高唱,或浅唱低吟,自娱自乐,聊以解困。也有男女对唱的,多为情歌。

在长期的农耕生活中,族人与牛同住、用牛耕种、以牛为食,牛成了侗族人民生存的重要保障,而在纷繁的战事中,以牛皮封鼓、以牛角为号。故而侗族人民就把牛升华为心中的神灵,在举行关于牛的活动前,都会先祭拜牛神,以示对牛神的虔诚。

尝新节。农历六月初六这天,侗族人民为了庆贺丰收并祈福来年丰收,举行传统农事节日,即尝新节。"六月六,晒棉绸。"姑娘、媳妇把箱柜里的衣服棉被拿到太阳下晒,老年人把老衣、老鞋、老被搬到太阳下晒。这天侗家人接出嫁的姑娘回娘家,饮拦门酒,吃合拢宴,喝油茶汤,采收新成熟的粮食,以示尝新。侗族村寨的青年男女都会来参加歌会,以歌为媒,相识相爱,因此又被称为"侗族情人节"。在隆重的"六月六歌会"上,各种民俗表演和展示也值得一看。舞台上节目精彩纷呈,对歌、侗戏表演、芦笙表演、多耶、琵琶弹唱、双歌等民族风味十足。

三、历史名人

野椒园侗寨张氏家族始迁祖为张正夏、张应禄父子俩,他们系湖南沅州府麻阳县芷江坪白麂坑人,在1740—1750年迁徙到湖北施南府宣恩县施南里四甲蚂蚁洞定居。张应禄生有三个儿子：长子张先文（1759—1791年）、次子张先贵（1767—1833年）居蚂蚁洞；三子张先耀（1769—1849年）大约在1798年从蚂蚁洞迁到野椒园村定居，繁衍生息，发展为今天的野椒园张氏侗寨。现张氏侗寨3个天井分别为张先耀的3个儿子居住。3个天井房屋传承至今，已达220年了。

张先耀后裔以野椒园村为据点，向周边白沙溪村、岩狮村金竹园、黄河村杨家沟（今窑罐厂）、高桥村水源头、宣恩珠山镇、咸丰高乐山镇、恩施州城和云南昆明等地都有迁移发展。

张氏"十二家训"：

敦孝悌　睦宗族　隆帅儒　重丧祭　输国课　正名分

肃闺门　教子弟　笃戚友　端人品　戒奢侈　除恶习

张光春，清代秀才，出仕做过官，曾被委任为云南曲靖县（现为曲靖市）知县。

张光晟，清国子监生，曾任宣恩县区座。擅长书法，墓碑有其书法笔迹。

张光皓，清武秀才，曾被赐有顶子、宝剑等。

张盛雅，1921年生，大学学历，曾任小学校长，中学教师，主要作品有回忆录《求学记》、行草书法作品《岳阳楼记》和参编著作《宣恩县志》（1995年版）等。

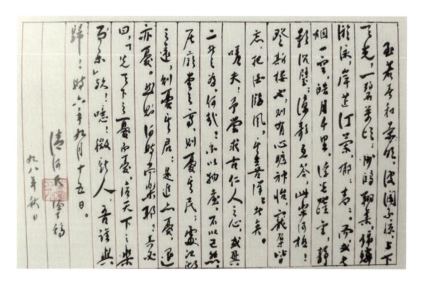

张盛雅手书《岳阳楼记》（局部）（张建平　摄）

张嗣旺，又名益轩，参加过淮海战役，曾在咸丰县任过区长、区委书记、民政局局长等。

张嗣初，大学学历，1961年华中师范大学物理系毕业。通晓俄语，擅长二胡、小提琴等。

张永珍，宣恩县晓关粮管所职工，宣恩县劳动模范。

杨氏侗寨"十二家训"：

敬天祖，凛国宪，爱亲长，隆师友，课子孙，睦族邻，

勤耕读，崇节俭，励廉耻，修礼教，尚节义，谨闺门。

杨姓"十七诫"：

诫不孝，诫不悌，诫不忠信，诫无礼义，诫无廉耻，诫游手好闲，诫酗酒，诫赌博，诫淫逆，诫盗贼，诫嫁生妻，诫择配，诫忿争，诫损风水，诫坏家乘，诫去邪归正，诫祭田。

杨诗昧，清末秀才，塾师。

杨诗则，清秀才，塾师，擅长碑文书法、诉状、契约等。

杨书籍，清秀才，民国时期曾从政。

杨书孝，木匠，掌墨师，擅长修建吊脚楼等。

杨书贵，曾任椿木营区区长。

四、珍稀树种

（一）千年红豆树

野椒园红豆树被誉为"鄂西红豆树王"，属国家一级保护树种，1999年湖北省将此树列为重点保护树木，是我国目前已知的红豆树家族的老寿星。野椒园红豆树为我国特有树种，又称红宝树或鄂西红豆树。该红豆树为蝶形花科红豆树属，常绿乔木。树高31米，树围1.95米，树龄约1200年。它生长规律奇特而神秘，完全不受春夏秋冬四季规律制约，无固定落叶发叶时间，无固定落叶

发叶部位。本地寨民对此树敬若神灵。

野椒园红豆树一般年份不开花结籽,开花则为粉红色小花,结10～20厘米长木质豆荚。剥开豆荚,其子近圆形,晶莹红亮,色艳如血,质坚如钻,久存不坏。红豆以其精美、珍稀著称,是爱情的象征珍品,被喻为"相思豆",青年男女喜欢把它作为定情的信物。

杨氏侗寨红豆树(张建平 摄)

(二)百年枫香树

野椒园枫香树高约50米,树围1.35米,树龄600余年。该树现为宣恩县人民政府挂牌保护树木。

走近

侗寨旁百年古枫（罗明健 摄）

枫香树，落叶乔木，喜温暖湿润气候，喜光，多生于村落附近。树脂供药用，能解毒止痛，止血生肌；根、叶及果实亦可入药，有祛风除湿，通络活血功效。木材稍坚硬，可制家具及贵重商品的装箱。

枫香树形如伞盖，苍劲挺拔，枝繁叶茂，生命力强，秋季红绿相衬，显得格外美丽，被寨民敬奉为"神树"，又称"许愿树"。树干下有一树洞，名曰"许愿洞"。常常有许多虔诚的崇拜者站在离树洞不远处，向"许愿洞"投掷硬币许下自己的心愿。

白果村
——侗乡深山藏古寨

白果村位于长潭河侗族乡集镇西南 28 千米，距宣恩县城 30 千米，距洗马坪村 6 千米，凉风台至洗马坪公路穿境而过。东与本乡马虎坪村接壤，南与中大垮村交界，西与苦草坪村相连，北与会口村毗邻。

据史料记载，白果村为清代中晚期开始自然形成的村落，当地人民为利用丰富的河水资源和土地资源，辛勤开垦，聚集而居。随着时代的发展，白果村

白果村的盘山公路与河流（黄松武 摄）

交通发展起来，人们对外交往频繁，逐步形成了现在的村落，历经数百年。现有各个时期形成的各式风格民居100余栋。

  白果村山势挺拔险峻，依山就势形成独特的梯田景观。九龙河弯曲流淌，碧水映蓝天。两岸青山对峙，郁郁葱葱，风光无限。陡峭石崖是白果村独特的风光。白果村土地肥沃，主要种植蔬菜、烟叶、有机茶叶等经济作物。

  白果村属中亚热带季风性湿润山地气候，四季分明，湿润多雨，日照充足，年均气温 13.7 ℃，无霜期 263 天，年降水量 1635.3 毫米，年日照时数 1212.4 小时。

白果村境内有"四景""三寨""两道门"。"四景"即九龙河、观音山、长垮大堰、猴子堡溶洞。"三寨"为黄家寨、陈家寨、岩寨。"两道门"即头门口、二门口。可谓"一河连三寨，一洞又三岩（屋），一堰垂青史，一村美景在"。

白果村主要姓氏有黄、杨、陈、周、夏、涂、姚、李、刘等。一组的黄家寨，以黄姓为主；二组的陈家寨以陈姓为主；四组的岩寨以杨、涂、夏姓为主。

一、宣恩"红旗渠"

在长潭河侗族乡的大湾与白果村的半腰之间，镶嵌着一条玉带——长垮大堰。它是 20 世纪 50 年代，长潭河区为解决白果、会口、马虎坪三个村 300 多人饮水用水和 1000 余亩农田灌溉，从悬崖绝壁上人工修建的一个引水工程，它是宣恩的"红旗渠"。

白果坪地势平坦、土地肥沃，但是由于没有水源，大部分土地都只能耕种旱地作物，还有部分土地荒芜了。白果坪曾流传着这样一首民谣："白果坪地头宽，从前开田无水灌，吃的水来也困难，来去一回大半天，耽搁劳动少生产，做起出来又干完，过年没得过年米，家家都是穷杆杆，要想取得一股水，除非神仙下尘凡。"这就是当年白果坪人民生存状况的真实写照。要是有水灌溉那该多好啊，这是白果坪人祖祖辈辈梦寐以求的梦想。

为了解决村民的用水问题，时任长潭河公社洗马坪管理区书记朱奎金在上级部门的支持下，于 1957 年七月十五日（农历）组织村民开始施工。在极其艰苦的条件下，村民用勤劳的双手、坚定的信念和最大的决心，克服各种困难，铁锤钢钎开山放炮，悬崖峭壁修筑水渠，使长垮大堰从百余丈高的悬崖峭壁上横贯而过，穿越 8 座山脊，全长 7.5 千米，受益农田 1000 余亩，解决了 300 多人"挑水排队，用水如金"的饮水用水困难。

二、民间传说

（一）杨天应收云雾

从前，在侗族祖先居住的地方，山高林密，阴雨连绵，雾气沉沉，天地混混沌沌。人们一年到头见不到太阳、月亮、星星，打猎、捕鱼就更困难了，常年过着食不果腹的生活，他们很想有朝一日雾消云散，把太阳迎出来。

那年，飞山寨中有个叫杨天应的侗族青年，别看他头上有癞子、有疮疤，可他人小志高，决心出门将云雾收服，让乡亲父老见到太阳。一日，杨天应辞别了亲人，带上利斧铁锤上山，寻找驱赶云雾的办法。他走啊走啊，衣服被划破了，草鞋磨烂了，他没有气馁，仍然赤着脚走，一天又一天，一月又一月。那日他在一棵大树下歇息，突然站在树上的一只神鸟叫道："要得云雾开，敲碎地铺盖。砍倒通天树，太阳就出来。"杨天应一听浑身顿时又来了劲，爬起来继续赶路。那天，杨天应到了个叫中寨的地方，发现山顶有棵树特别高又特别大，心想莫非这就是通天树？于是，他取下腰间的利斧砍呀砍呀，整整砍了三七二十一天，那棵树终于被砍倒了。砍倒了通天树，他又去找"地铺盖"。他沿着洞岩爬呀爬呀，终于发现一块又光滑又大的石壁，他用锤子一敲，里面空响，于是他就用铁锤猛打猛敲，敲呀敲呀，整整敲了七七四十九天，那又光又滑又大的石壁终于被敲碎了，只听得"轰隆"一声巨响，眼前出现了一个大岩洞，顿时天空中的云雾尽往岩洞中钻去了。

自那以后，天开云雾散，太阳出来了。从此，侗族人民居住的地方变成了山清水秀、物产丰富的地方。

（二）傩头神传说

据学者考证，侗族是古代濮族中的一个支系。古濮族群因处于分散的部落状态，无统一君长，才有"百濮"之称。秦汉时泛称为"僚"，属南蛮，逃入五溪的僚也称为"五溪蛮"。

在当地侗族流传着"傩头神传说"：傩头爷爷和傩头娘娘是姜良和姜妹，他们成婚造就人类，开天辟地，才有世界。侗族人普遍敬奉大母神傩头爷爷和傩头娘娘，每两年还一次愿，保佑人们康泰平安。

传说很久以前，世界上一片荒凉，只有一个娘娘（据说是萨岁大母神）。这位娘娘，人们称她为地母神。有一天，她实在闷得慌，就摘下一个李子将它切成7片，用气一吹，就变成7个孩子。那时山高林密，雨水很多，连续下了七天七夜大雨，洪水满山遍野铺天盖地而来，越长越高，7个孩子淹死了5个，只剩下姜良、姜妹俩兄妹。他俩逃到一个很高的山坡上，洪水也跟着涨到了山腰。正在危急的时候，一位女神（说是萨岁大母神）给了他们一粒闪闪发亮的葫芦瓜种子，要他们快快种下。说来也奇怪，那瓜种入土以后，一个时辰种子发芽，两个时辰瓜牵藤，三个时辰瓜长大。

兄妹俩连忙摘下大葫芦瓜，挖出瓜瓤坐在瓜中间顺水漂流。也不知漂了多少天，姜良在瓜里闷得慌，把头伸出来往外一看，洪水已经退了，天上出现12个太阳，光焰似火，一下子就把他的脸晒得绯红。姜妹没有伸出头来，太阳晒不到她，所以她的脸又白又嫩又漂亮。后来人们就称红脸的姜良是傩头爷爷，白脸的姜妹是傩头娘娘。

后来，姜良射掉了11个太阳，天上只剩一个太阳，兄妹俩过上了安居乐业的生活。再后来他们顺应天意，决定成亲，繁衍出人类。

婚后，姜妹生了一个肉团，在地上滚来滚去，姜良看了很生气，就把它切成100块扔向四野。说来也巧，第二天，奇怪的景象出现了——周围有村村寨寨，房屋鳞次栉比，人群熙攘，原来被切成100块的圆肉球变成了100个姓氏和100个民族。传说骨头变成的是苗族，心脏变成的是汉族，肠子变成的是瑶族，而侗族是肉块变成的。

这个故事被人们口头代代相传，故事中的主人公逐渐演变成侗族祭祖活动中的共同祖先。侗族认为姜良、姜妹是繁衍人类的老祖先，不祭奠就会多灾多难，后世把这种祭奠叫作祖神愿。敬奉傩头爷爷和傩头娘娘，还傩愿是平均两年一次，一般是腊月，大愿三天，小愿一晚。

（三）祭祀祖先"飞山公"杨再思

当地村民的祭祀活动包括祭祀杨再思。杨再思生于唐咸通十年（869），卒于后周显德四年（957），是唐末、五代"飞山蛮"酋长，号十峒首领，人称"飞山公"。

后梁时期，马殷占据湖南，称"盐王"，即楚。潘金盛占据飞山蛮和五开（今贵州省黎平县）一带，杨再思占据叙州的潭阳、郎溪一带，互为声援，以拒马楚。后梁开平五年（911），马殷遣吕师周经飞袭斩金盛。败势已定，杨再思率领"飞山蛮"残部，降服于楚，被封为诚州刺史，不仅挽救了处于灭亡边缘的"飞山蛮"，而且使其取得合法地位，为以后发展奠定了政治基础。

杨再思励精图治，设立10峒，以其族姓散掌州峒，并以字派"再、政（正）、通、光、昌、胜（晟）、秀（进）"七字为等级建立封建领土分封制度，从此"飞山蛮"进入兴盛时期。

杨再思是"飞山蛮"的杰出代表人物，湘桂黔鄂四省交界之地的后人尊他为祖先，奉为神灵，普建飞山庙祭祀。黄家寨的村民黄明知说，他们在每年的农历六月初六（杨再思的生辰）和十月二十六日（杨再思的忌辰）都会祭祀"飞山公"杨再思。

"要得沅州开，除非天应来，家住靖州县，地名飞山寨。"杨再思的第十二代孙杨天应，传说他应族人请求，崛泉求雨抗大旱，救了侗族。人们为了纪念他，就把他的故事以口头传说的方式流传于侗族后代。

三、传统手工技艺——竹纸

这里有周氏家族祖传的民间手工造纸工艺遗址及设备。村民周大香说，祖上五代人都从事民间手工造纸工艺，利用本地竹资源和水资源生产民用纸。

竹纸制作的主要工序有砍竹、去枝、裁筒、去青、扎捆、灰沤、冲洗、碾压、拣选、发酵、碾轧、漂洗、打槽、兑浆、抄纸、榨板、烘干、裁切、打捆等20余道。

造纸用的过滤池（吴明清 摄）

灰沤：把竹子砍回家后，刮去竹竿外层青皮，按一定的规格裁成节、划破扎成小捆放入池中浸泡。投料时按每小捆长2米，加2~2.5千克石灰的比例一起投放入池中，然后注水淹没浸泡物，连续灰沤2~3个月，将残留的石灰竹料及池中的石灰水冲洗干净，再一层竹料一层稻草放进池中，最后在上面压上石块等重物将其榨紧。20天后将其中的稻草等杂物清理干净，重新往池里注水，再浸泡1周左右捞出滤干。

碾轧：把滤干的竹麻20千克投入碓中，人工舂碎约半小时，然后从碓窝将舂细的竹麻取出再放入踩槽中，用脚反复踩十几分钟，使其增强粘连性，即成竹料待用。

漂洗：将踩揉好的竹料放入抄纸池中，注入清水后再用竹棍反复搅拌淘洗，使纸浆充分分离出来，最后将粗纤维及其杂质捞出，让纸浆充分沉淀。

打槽：将木浆树叶煮熬的混合物加入池中，倒进清水，用搅拌棍充分搅拌，使竹纤维呈完全分离状态，均匀地悬浮在水中。

抄纸：把抄纸器浸入水中，将竹纤维捞出，把水滤干，于是竹纤维便在抄纸器上形成一层薄膜，这便是纸坯。抄纸器吃水深膜厚，吃水浅膜薄。纸厚薄是否均匀，一凭眼看，二靠把握抄纸器入水的深浅及视水中竹纤维的浓度而灵活操控。

抄纸器具（吴明清 摄）

榨板：把抄出来的纸膜垛在一起，每垛200张，但由于这时的纸坯饱含水分，就如掉进灰里的豆腐，吹不得，拿不得，一碰就要掉一块。为增加纸膜的强硬度，就得把纸膜中的水分排出。排除水分的工序称为榨板，即在上面放一平板加压，将纸膜中水分榨干。

烘干裁切、打捆：将榨干水分后的纸膜一张张地揭起，平放在干净平坦的地面上晾晒干燥，即成了成品纸，然后切裁整齐并打成捆，使其成为商品，进行销售。

以 3 张为一贴，20 贴为一捆，除开前期工序，从碾压、漂洗、打槽、抄纸、榨板到烘干，两个人一天能生产 42 捆纸。白果村这一传统民间工艺和生产技能为村民生活提供了一定的经济来源，满足民间礼仪账簿书写、祭祀用品等需求。随着现代技术的发展，这种传统手工造纸作坊逐渐退出了历史舞台。

四、自然奇观

（一）观音山

据 1863 年版《宣恩县志》记载："观音山，山形如大士莲座，俨然高大，甲邑中诸山，积雪至初夏始消。山头云气出没，可验晴雨。"

观音山下白果村（吴明清 摄）

观音山主峰高 1670 米,有树木、耕地约 2.3 平方千米,因山形似观音菩萨而得名。

据当地人说,很久以前,观音山顶有一座五间屋的庙宇,称南武当,庙内有 10 多尊菩萨,香火不断,每年的八月十五开庙会。庙内有 3 个和尚,划有寺院土地供和尚耕种。从岩寨上观音山有 200 多步石级梯步,为信徒前往的主要通道。后来该庙被洗马坪一个姓朱的恶霸组织人放火烧毁。

(二)九龙河

九龙河,源于长潭河侗族乡洗马坪,经中大塆、白果、会口进入马虎坪,因汇集九条小溪而得名。九龙河在马虎坪与干溪河汇于花塔河,注入洞坪库区。九龙河流经白果村境内的五组二门口、四组岩寨的山脚下、二组头门口陈家寨、一组黄家寨的山脚下进入会口村。两岸石山青岭相对,在白果村境内约 3 千米河道里,河因水的流动而生成河道,水随河道的变化而有缓急。或弯曲尽显河水灵动的豪情,或平坦宽畅河水缓慢流淌,或狭窄急流澎湃汹涌,构成山水相连、源远流长、村寨相宜的和谐画面。

在白果村的九龙河段,建有 3 座桥,自下而上分别为通往黄家寨的钢缆木板人行桥、通往六七八组的钢筋混凝土限载公路桥、二门口通行小型车辆钢筋混凝土桥。

千百年来,九龙河河水清澈明亮,为人畜饮水、农业灌溉、水产养殖提供水源,惠及一方百姓。

(三)二门口

"二门口"是因有"头门口"的路旁岩壁对峙,恰是进村头道门而得来。二门口与头门口相距约 2 千米,位于白果村五组,主要姓氏为周姓。老屋古墓,见证着周氏家族生生不息的发展史。

二门口的古道（吴明清 摄）

周家保存的1917年9月20日承裔簿记载，周氏宗派为："世智永远，明邦大道德，福应有富，景士胜班良。"启祖周康年，妣严氏，系发基之祖，原址在湖南省长沙散花县（现为花都区）龙王庙闵家坡，生四子。其四子始祖周钦，娶妻严氏；第三世始祖周良璜，娶妻彭氏；第四世高祖周世杞，娶妻许氏；第五世曾祖周智华，娶妻杨氏；第六世周永寿，娶妻杨氏；第七世周远良。

周家在二门口已有12代24户97人。周家保留百年古宅五柱三骑厢房三间，正屋早年失火烧毁，门前石级沧桑，见证了二门口最早的历史。

（四）屋儿岩坷

人们常说"石钟对石鼓银子二百五"，说的是屋儿岩坷一堆不规则的巨石罗列的地方，如同堆放在此的好多银两。不知是何年何月，巨大的长方体石块，从几十米高的山体上脱落滚下九龙河里，不规则堆放竟成为一道靓丽的风景。因巨石有较大的空隙，河水没有被阻隔，所以保持畅通。人们利用石头为桥墩架起了能通行车辆的桥梁。

九龙河在屋儿岩坷穿石而过

五、传统村寨

（一）黄家寨

在白果村的九龙河北岸，有一座石山形如扬帆启航的大船，船头那参天大树与翠竹掩映的村寨，就是黄家寨。

黄家寨，传统民居建筑布局与地形巧妙结合，依山就势，错落有致。村落内的历史民居建筑至今保存着传统的建筑风貌，以穿斗式木结构为主。内向围合、院落封闭、内部出檐深远，明间大开间、主次分明的组合形式，月梁、冬瓜梁和内檐装饰斗拱的广泛运用，是其主要建筑特征。建筑构件精美、华丽，木雕、石雕图案流畅生动，题材广泛。建筑轻巧，灵活大方，色彩鲜明。传统建筑外墙连绵无间，错落的民居从低处向高处延伸，与周边的青山绿水交相辉映，呈

黄家寨中一角

现出一片安静祥和的景观风貌。以黄姓为主的黄家寨,黄姓堂屋神龛上敬奉着"江夏堂上历代祖先",两边对联为"宗功绵远千年固;祖德流长万古新"。

黄家寨为长潭河侗族乡白果村1组,共28户88人。到黄家寨可见到辉煌时的遗迹,也能见到被岁月侵蚀的现状。由于近20年外出务工人员增多,一些居民长期不在家居住,没有对木房进行维修,有的农户已迁出本村,甚至放弃对原木房的整修,部分木房自然损坏突出。

(二)岩寨

岩寨东接九龙河边的二门口绝壁之上,西邻观音山下,北与陈家寨相连。石灰岩地貌,一面坡地带,居住有25户93人。主要姓氏有杨姓、涂姓、夏姓等。海拔700~900米。林木葱茏,是猴群游走安歇之地。

在半坡青石山岭的丛林中有3座岩屋,相距不足百米。第一座岩屋在夏家旁边的一处陡峭岩壁上，约 40 平方米，岩屋顶上各种形态的钟乳石倒挂壁间，一根青藤在石壁的缝隙中穿绕到顶，青枝绿叶伸展在岩屋的前檐，平添几分生机。第二座岩屋比第一座的位置稍高些，前有一块耕地，葱绿的植被将岩屋遮掩。走进岩屋朝外看，丈余高的石头耸立岩屋前，藤蔓缠绕，生机盎然。里边石壁缝隙中葬有坟墓，墓碑记载的时间是 1936 年 3 月 24 日，葬者为夏邦玉。据夏氏家谱记载："先祖始自湖南常德安府县，南溪档，分居三板桥高楚堰，次居大湾山谢家湾，后由十代之裔迁居于宣恩县观音山落宅，具悉此地世辈派依归原里。后其子孙在此落业为生。字派为：世景运开，正邦昌明，应宗绍祖，国光朝荣，宏才蔚启，佐相仁君，显承先业，万代隆兴。"夏邦玉为第十五代，现已到十八代。第三座岩屋在第二座岩屋的小山堡的背面。一片茂密的森林里、错落有致的"石林"中，峭壁上的岩屋有洞穴的风格，比岩屋深、比溶洞浅。洞穴内石笋排列形状各异，洞口较为规则，洞前有三小块梯形平地，周围拥有五六棵大树。

猴儿堡绝壁上有一处溶洞，洞口较为险要。往下看，九龙河在密林中露出清澈的河床；往上看，可以看见猴子堡半边悬崖半边山林。进洞首段较为平坦，有蝙蝠栖息，前行道路曲折，别有洞天。

（三）陈家寨

陈家寨位于观音山下九龙河南岸，属白果村 2 组，与北面的黄家寨隔河相望不足千米。居住 36 户 135 人，主要姓氏有陈、黄、杨、刘、罗等。陈家寨早年为村委会驻地，距头门口 900 米。房屋建筑依山而建，呈梯次排列，最里边为老院落。寨前田园边有 3 棵 3 人合围的古楠木树，属国家二级古树。古楠木生长苍劲、挺拔、茂盛，三树之间相距约 40 米，与院落相互映衬，形成古树、田园、人居和谐共处的生态家园。

有八成农户将原有的木房改建成 2~4 层砖混楼房。有并排单户相邻的木房，也有联户成排的建筑排列砖混房，高低不一，错落有致。

大茅坡营村
——农耕文明赓续传

高罗镇大茅坡营村村民收藏的《张氏族谱》开篇即述:"自清乾隆时,我茅坡营其地林木茂盛,芦草遍野,乃无人居住之地,自吾祖苍公同六姓之古人初迁至此开垦荒地,以士农为业,将荒野之地变而为繁华之地……"

大茅坡营村位于高罗镇北部,距 209 国道 6 千米,距 G6911 安来高速高罗出口 8 千米,距高罗集镇 10 千米。北临珠山镇土鱼河村,西北与晓关侗族乡匠

大茅坡营村寨一览

科村接壤,西南为该镇的漫牯牛村,南边为团结村。

一、村落概貌

大茅坡营村因在大茅坡山上而得名。全村面积7.29平方千米,分为上寨、下寨两大片区,辖3个村民小组,200户近1000人。现有林地面积5.4平方千米,常用耕地面积1.05平方千米,以种植水稻为主。

大茅坡营村属于典型的侗族村寨,有居住至今的吊脚楼群、大面积的稻作梯田、浓厚的农耕文化。2016年12月,大茅坡营村被列入第四批中国传统村落名录。

武陵山余脉和大巴山余脉交汇,形成七姊妹山,有东门关、摩天岭等山峰,大茅坡营村就在东门关群山中。村寨依托的界山呈圈椅状,面向东南,将上寨和下寨环抱其中。

从界山下来,有赖子沟、雷打树、沙田坳三条溪沟,发源于黑槽湾的小河从寨脚下流过，经小茅坡营汇入黄家河，再到酉水，最后流入洞庭湖。

大茅坡山的对面是陡峭的山峰，有狮子口、小米湾、林家岩坎、三台坪、鸡冠子岩、蒋家湾等地。大茅坡营村寨前的上头河风景秀丽，是该村着手开发的一处旅游景观。沿高罗镇黄家河上溯，经小茅坡营的下头河，过大茅坡营的上头河，就来到水源头，这里是黄家河的支流之一。

大茅坡营村的侗寨建在大山的一面斜坡上，山脚有小溪流过，在长约100米的河段上，聚集九口塘。

从村委会顺公路绕下河，迎接游人的第一口塘叫梳妆塘。一块表面平整的巨石斜跨在河谷，龟裂出一条石缝，"接住"浅浅的清溪，汇成碧绿的一湾小水池。池岸被冲击出乌龟的形状，故名"乌龟出浴"。

接着是上、下洗澡塘，水塘清浅，鱼儿嬉戏，这里不仅是村寨小孩子学习游泳、玩耍的好场所，还是全寨人的休闲乐园和避暑宝地。

大茅坡营溪沟遍地，由溪沟勾勒出该地众多的小山脊，山脊上是清乾隆年间村民主持开造的梯田。

二、历史沿革

清乾隆年间，湖南吴、张、骆、姚、蒋、林、谢七姓人，结拜兄弟后一起沿酉水溯水而上，寻找定居的地方。走到高罗埃山，见到"田头人"（当地管事），央求"买"块地居住。"田头人"就安排他们从黄家河的支流小河往上找就业落户的地方，约定指手为界。

七兄弟走到大茅坡营，见地形较高，阳光充足，气候宜人，很适合居住，于是经请示"田头人"并得到允许，支付少量"盘缠钱"（用于路途消费的银两），得以在此安家。七兄弟见此地茅草满坡且生长茂盛，加之山下已有小茅坡营，于是就将该地命名为大茅坡营。

在枫香坡一组张启超家藏有《张氏族谱》，是张启超的父亲张秀清于民国三十一年（1942）十二月记录下来的，族谱记载："启祖系洪州府小地名铁炉项座，宗派启祖公张泯公，妣杨氏。先祖辰州府炉溪县座，后来富公由本县迁舟上坪座，分泯公于本县后来移桃坨住，张崇德又分炉溪县，张天汉又由炉溪而迁桃坨，至张星炳又迁唐屎溪，一直到张苍公又迁至湖北仙鹅坝，苍公祖妣周氏年方三十八岁不幸殁于仙鹅坝，葬于燕子溪。苍公并携其子廷显廷能由仙鹅坝而始迁茅坡营。"

大茅坡营村有木质瓦屋110多栋，最早的房屋建于清代，大多为近、现代修造，多为吊脚楼。房屋依山就势排列，包括平地起吊式、一字吊式、单吊式、双吊式、撮箕口式，有两层吊、三层吊等样式。

大茅坡营村一组上寨有一处建于清代的房屋，坐落于枫香堡上，屋前是一片竹林，有两棵古树，旁边有一条水沟，道路从竹林边穿过，屋后有古井、古墓。该处房屋是张启熏、张启超两兄弟的祖屋。房屋原来是"撮箕口"，后来厢房屋拆除。现存的正屋是一"明"两"暗"三开间"八个头"，上下两层，梁高壁宽。大门做成"吞口"样式，即大门装在金柱上，后退一步。在金柱顶装板壁处，建一龙头形的小挑，用于装饰和承重。这种做法，在宣恩县少见。大门是对子门，两侧装的窗户，保留古时的样子。大门枋厚约四寸（约0.13米），门上留存着多处刀痕，见证着岁月的久远。

正堂屋的神龛有两副对联，神龛外侧上联"祖居湖南来贡水"，下联"孙住鄂西继神州"；内侧上联"百忍家风传万代"，下联"两铭世第亘千秋"；横批"百忍家风"。对联用红纸书写贴在神龛上方。

神龛中间是一张由大红纸书写的"家先"，正中是"天地君亲师位"。右侧用小字书写"九天司命太乙府君"，左侧用小字书写"清河堂上历代祖先"。

高大的房屋和精细的做工，展示着张家祖上的经济实力，加之世代居住，祖屋里收藏颇丰。"覃凳"、八仙桌制作讲究，有花纹装饰。

三、房屋建造

修屋造房是村民的大事，主人家很早就开始做准备，找亲戚朋友帮助，准备钱粮。

在修屋之前，主人家要选择建造房屋的地基。择地之后就开始准备木材，烧制布瓦。木材准备环节请梁木是最关键的，在制作中也有很多讲究。

在立扇之前，石匠和掌墨师要祭拜鲁班，祈求"祖师爷"保佑，确保修屋造房安全，居住其中的主人家顺风顺水、六畜兴旺。

三开间的房子需要四面立扇，把堂屋的两面立扇立好后，掌墨师就要指挥两个木匠上梁，按程序说上梁词，抛梁粑。

一面排扇以中柱为界，有金柱、小柱、檐柱等，左右对称。东西两排扇柱与柱之间对称。在正屋立好后，木匠师傅一班人和主家请的帮工，先安灯笼枋，然后开始放檩子，把两排扇固定起来。大茅坡营的灯笼枋均朝上弯，做成浅月形，叫"月梁"。

月梁（灯笼枋）

宣恩的吊脚楼不是"千根柱头落地"，而是用"减柱法"，间隔一个柱头安装一根骑筒——骑在枋上的柱头。柱头和骑筒之间的距离是一步，即2.5尺（约

0.83米）。屋面的坡度要符合标准，斜面角度如果太小，落雪下大雨时易积水；太陡（角度大）了会梭（往下滑）瓦，所以要在这之间找到最佳平衡点。

大茅坡营村房屋的精细之处体现在堂屋、骑柱和窗棂方面。窗棂有步步紧、万字格、梭子花等样式，门有楼门、耳门、对子门、假六合门等构造。在村民房子的神龛上，一般放有香炉。

四、农耕习俗

大茅坡营村有十一坝梯田，分别位于瓦场坳、大田湾、椿树坪、明家田、枫香堡、梓园、谢家园、仓堡、雷打树、桐堡、小桩坳。赖子沟、雷打树、沙田坳和枫香堡、仓堡、桐堡"三沟三堡"沿着山势往下延伸，上寨和下寨110多栋房屋聚集在堡上，十一坝梯田合围，在春夏秋冬不同季节展示不同的色彩。

传说，这些梯田是清乾隆年间，大茅坡营人请湖南的土匠开垦的。湖南的"开田匠"班子有数十人，他们白天休息晚上开田，到第二天早上的时候，山地就变成了梯田。

一层层梯田养育着人们，大茅坡营村以农耕文化为核心的民族文化浓厚。该地民风民俗浓郁，有过大年、过端午、过月半、过六月六、打花锣鼓、打薅草锣鼓、玩龙灯等习俗和文化，还有腊月二十八过赶年、十月初六"还斋意"的传统。

五、旧貌换新颜

近年来，大茅坡营村借精准扶贫东风，顺应乡村振兴发展战略，按照"村容整洁"的新农村建设要求，着力改善群众生产、生活条件，加大道路、水利等基础设施建设力度。

大茅坡营村主干道于2015年9月完成道路硬化工程，宽4.5米。2018年，该村通过国土资源整治项目投入300余万元，从村主干道修通4条入组公路。

通过补短板项目、国土整治项目，实现院落在3户人家以上的进户路硬化全覆盖，有效地改善了村民的出行和村里的卫生条件，村寨环境大为改观。

2017年，该村实现村委会到九口塘通公路。2019年，通过国土整治项目投入40万元，将该条公路硬化，建成长1000米、宽3米的硬化公路，该条公路把大茅坡营村的自然景观和人文景观连为一线，有效拓展了游人的视野。

2017年，大茅坡营村完成村委会改建工程，设施、布局既有侗寨特色又功能齐全，次年6月村卫生室建设完工。在建成仓堡村民文化广场的基础上，新建上寨小型文化广场，便于开展农技培训、村民活动、便民服务等。11月新增变压器1台，完成低电压整改，全村农户电压稳定。

2018年，大茅坡营村新建水池5个，安装蓄水罐9个，可保证全村98%农户用水，其余农户依靠水源稳定的、现成水管引水设施，实现"一管清水到农家"。

大茅坡营村基础设施建设以"人居环境整治"为工作重点，以"木质建筑保护"为工作落脚点，以固体垃圾处理、家庭污水处理、自然沟渠排污三方面为工作突破口，积极实施老电线改造、"木房换瓦"等建设项目。

大茅坡营村一条公路在村寨边蜿蜒，从主干道上分出4条入组公路。公路深处就是房屋，道路从房子的院坝、阶檐下通过，串起竹林、房子、菜园，颇具诗情画意。

（本文图片提供/宋文）

走近

中大垮村
——川盐东运成古道

中大垮村位于李家河镇集镇东北,因坐落于大山垮的中部而得名。该村有沿用至今的吊脚楼群、向氏宗祠、人面像石刻、川盐古道等建筑,民间文化丰富。2019年6月,中大垮村列入第五批中国传统村落名录。

一、村落概貌

中大垭村距李家河集镇16千米,距宣恩县城90千米。该村西北是楠木园村、东北是头庄坪村、西南是箭竹坪村、东南是长湾村,这个片区西北和西南分别与咸丰县和来凤县接壤。

中大垭村面积4.27平方千米,平均海拔800米,最高峰大路坡海拔951.3米。村寨四周环山,有一条溪流从寨前流过。辖5个村民小组,2018年12月统计数为157户527人。

中大垭村寨后山头酷似龙形,故名"龙脑壳"。龙脑壳前有一眼出红鱼山泉,人称"红鱼井"。红鱼井前面有数条平整光滑的梁状石板,有人说这叫"石龙过江"。古盐道从寨子中间穿过,北可到咸丰县,南可到来凤县、龙山县。这里风景秀丽,人文和自然景点很多。

村寨建筑

中大垭村在元、明、清初属木册土司，乾隆元年（1736）属宣恩县木册里，民国23年（1934）属龙凌联保，民国35年（1946）属板栗园乡五保七甲。1949年中华人民共和国成立后属五区板栗园乡，1958年属五星人民公社，1961年属李家河区，1996年属李家河乡，2013年属李家河镇至今。

据《施南府志》记载：木册长官司，古夜郎地。元置安抚司，明玉珍改长官司。洪武六年（1373）归明，置长官司，寻叛。永（乐）四年（1406）复置，编户三里……自洪武六年覃启送始。

陈绍义在《宣恩土司概观》中记载：木册土司归明后，散毛土司叛乱，作为（覃氏土司）分支的木册土司肯定也在其中。明王朝镇压了散毛土司叛乱，永乐四年（1406）重置木册长官司，以田谷佐任之。从此木册土司就由覃姓变成了田姓。雍正十三年改土归流，田应鼎改土后迁居孝感县（现孝感市），世袭把总。

古时"覃""谭"一音，"谭"和"田"的韵尾相同，因为唱和的需要，古时候的人们更重视韵尾，"谭"和"田"可能是一组同音字，因此，木册土司在遭受变故时就由覃姓变成田姓，相当于现在说的"返宗"。

木册土司城在今板栗园西五里处。《宣恩县志》记载：木册土司城，两山环抱，一水中流，有瀑布数处，又有石钟石鼓，击之有声。"现存遗址有官屋场和皇城街。

中大垭的村民都是从外地迁来的，清乾隆年间，向光盛、姚均览、吴世万、杨天应等从贵州向湖北一带逃荒，途中结拜为兄弟，一路同行，到红鱼井（今中大垭）落户扎根。这里的村民多为向姓，据说是司马懿的后代。

在向孝文房屋的神龛上有两副对联，神龛外侧上联"积德百年元气厚"，下联"书经三代善人多"；内侧上联"汉代将军贻谋远"，下联"宋朝宰相衍庆长"。横批"祖德流芳"。对联用红纸书写贴在神龛上方。

五组村民向京章说，他们的祖先在司马氏败落时逃亡到中国的西南部。某一天，逃到一家姓向的主家家里，主人家问他们的姓氏时，他们不敢说自己的司马姓，灵机一转，就说姓向，这个姓就一直沿袭下来了。

二、民间传说

中大塆村是因盐而兴的村寨,当时的大路从板栗园经中大塆到咸丰中堡。中大塆段是宣恩川盐古道的组成部分,古道用大石板铺路,上下坡修成石阶梯。

古盐道

古盐道通过宣恩的路线,一条由湖南省龙山县石牌洞入境,自两河口至庆阳坝到恩施县境;一条由恩施芭蕉的小垭口入境,自庆阳坝至李家河烂泥沟到龙山县境。中大塆村的古盐道就是从宣恩的两条主道上分出来的通往咸丰的大道。

川盐古道经过中大塆的线路为来凤—鱼泉—中大塆—忠堡。村民说,土地革命时期,贺龙赶骡马经过中大塆,从坳上来,走槽门口,经过老店,翻过山崖到咸丰。

中大垵村多洞穴，关于洞穴的传说较多。姑娘洞距村寨约1000米，因洞口顶部大石板上有女人头像，故名。姑娘洞口高约20米、宽约20米，进洞往里走10余米有一块形似大厅的平地，面积约400平方米。向右转弯是一干洞，干洞四壁平整光滑，有人前行500余米，都未走到尽头。

姑娘洞虽然景观不多，但有关姑娘洞的民间传说却十分奇特。相传土司时期，红鱼井边住着一家农户，是当地土司的农奴。夫妻俩结婚后一直未孕，一天晚上农妇刚入睡，梦见龙脑壳下面走出一个穿红衣的女子，该女子对农妇说，她是龙王的女儿，长年住在龙宫闷得慌，想到人间来，做一个自由自在的人。农妇自从做这个梦后，整天精神不振，就找来郎中把脉，原来有了身孕。十月怀胎，农妇生下一个美貌如仙的姑娘，取名叫"红玉"。

红玉一天天长大，到了出嫁的年龄，当地土司王的儿子听说红玉长得漂亮，就派媒人去说亲。可土司的儿子相貌丑陋，头上长满癞子，而且好吃懒做，红玉哪能看得上这种人。但红玉的父母是土司的农奴，土司有权有势，她不敢不答应。

到了出嫁那天，土司送来了金银首饰和丰厚的彩礼，只等新娘梳洗打扮后，就用八抬大轿抬回府内。红玉人穷志不短，根本没把这些金银财宝放在心上，她心里想的就是逃婚。在双方主持人交接之际，她乘人不备从后门出走，直奔寨西南的大山而去，化为红鱼消失在姑娘洞内。

新娘不见了，人们四处寻找。新郎癞子也来到山上，他走到半山腰发现有个山洞，认为新娘就藏在里面。他刚走到洞口，一股清泉从天而降，将其冲入洞内，癞子立刻消失得无影无踪。因有人看见癞子进入洞中，于是人们将这个洞取名"癞子洞"。

红玉化为红鱼后，长年住在姑娘洞，每到热天，她就在龙脑壳前的红鱼井现身，据说若有人在红鱼井看见红鱼，日后会有好运气。土司王的儿子消失在癞子洞后，化作透明的白鱼，从癞子洞的阴河游到红鱼井对面的凉风洞，癞子仍想和红玉姑娘在一起，可一条条石龙将道路隔断，使他们永世不能相见。

癞子洞距村寨约1000米，与姑娘洞遥遥相对，相距不到400米。癞子洞口高 30 米、宽 100 米，洞顶有一条瀑布，雨季涨水，黄色的瀑布从天而降，气势磅礴，雄伟壮观。旱季清泉细流，如银珠坠地，风景秀丽，如诗如画。

进入洞内，展现在眼前的是一块大沙坝，面积约 3000 平方米。过了沙坝向左走，是洞顶落下的乱石。从右侧往前走百余米是阴河，河水撞击洞壁发出轰隆隆的响声，当地人到此止步，不敢继续前行。

癞子洞洞口有一堵石墙，高约 5 米，左侧留有一人进出的巷道。

箱子洞距中大垮村寨约 1000 米，在姑娘洞下面，两洞相距 300 米。箱子洞洞口高 1.5 米，宽 1 米。洞口虽不大但洞内十分宽敞。进入洞内，在火光照射下，四壁晶莹剔透，石笋有的倒挂、有的直立，透明的钟乳石形状各异，有的像人、有的像动物，洞内幽深，从来没有人走到洞的尽头。传说箱子洞是红玉姑娘埋藏金银财宝的地方，红玉不爱财，她将土司的彩礼放在箱子中埋在山脚下，于是人们便把这里取名箱子洞。

凉风洞在中大垮村寨前 200 米处，洞口狭小仅容一人进出，进入洞内又有两个岔洞，洞内有石笋石柱，有暗河有沙坝，暗河有一种全身透明的鱼，传说这种鱼不能随便捕捉，若有人捕捉，灾祸立至。凉风洞在古盐道旁，这里冬暖夏凉，昔日来往客商和附近居民，常在洞前纳凉或取水饮用。

三、石刻人面像

在中大垮村，有一个坐落在两沟交汇处的庙，庙上供奉的神是人面像石刻。人面像方额鹰眼、大嘴粗项。人面像石刻立于务部田（音）沟和镜子湾沟交汇处，坐西朝东。该庙由拜台底座、神龛、双翅、人头四部分组成。连底座通高 112 厘米，最宽处双翅宽 114 厘米。

石刻人面像方头，宽 17 厘米、厚 10 厘米。额头上有两条角状或猫耳状的凸起，呈倒八字贴在额上。以线条勾勒出双眼，或许是凸目；眼角上翘，如鹰眼，这或许是"纵目"的表现形式。有鼻梁，鼻子较尖，还凿有两个小圆孔。粗颈，与脸一样宽。

与人面像相连的是双翅,像蝙蝠的翅膀。宽114厘米,厚15厘米,锉出竖条纹,荷叶边。在中大坝村,房子的挑枋、古墓葬碑帽的边,都可见荷叶边。隔三层板石,再是神龛,中空,高32厘米,宽41厘米。底座做成拜台,石头厚13厘米,宽74厘米,拜台的中间凿有长方形石槽,里面有未燃尽的香杆。人面像石刻风化较重,年代待考。

在中大坝,与人面像石刻相对的还有一个土地庙,是大约20世纪八九十年代村民修建的。高高的石砌地基,上面用原石堆砌成土地屋。该土地庙与人面像石刻庙一起,共享人间烟火。中大坝古今两个庙并列,在一定程度上展示着"土地屋(庙)"的演变过程,从该地田氏祖坟的碑帽也可见人面像和双翅的演化痕迹。

人面像石刻

四、向氏宗祠

在中大坝村有一处文物古迹——向氏宗祠。该祠堂是宣恩县唯一一处保存下来的祠堂建筑。2003 年,宣恩县人民政府公布第三批县级文物保护单位名单,向氏宗祠在列。

　　向氏宗祠在向家大院,建于清代,坐西北朝东南,原有房屋三进,现仅存前门正墙、后院及古井。宗祠建于嘉庆二十三年(1818),祠堂外墙长 19.8 米,宽 13 米,占地面积 260 平方米。

向氏宗祠

　　祠堂有两个天井,各长 4 米、宽 3 米,天井两边为长廊式木房。现房屋大部分被拆毁,后部存有一间房屋,宽 4 米、进深 3 米,以前专供向氏祖先牌位用,后来办过私塾和小学。20 世纪 90 年代初,不再开办小学,教室废弃。

　　据当地老人介绍,修建向氏宗祠的地方原是一口水塘,叫红鱼井,因井里出红鱼而得名,后来向氏族人在塘上修建了祠堂。这里的"红鱼",即先前洞穴故事中的主人公"红玉",红鱼被认为是红玉姑娘的化身。祠堂后靠小山堡,叫大龙脑壳上。两边大山连绵，构成圈椅状，将祠堂和小山村环抱。

宗祠前侧有一口古井，距大门7.5米，井口长、宽各1.9米，深1.1米，水井由青石砌成，光滑的石面诉说着岁月的悠久。

登11级青石台阶，就到宗祠的门楼。门楼高大，墙体用火砖砌成，墙壁残高8.14米、厚0.4米，气势威严。大门上方的墙壁向上延伸2米，封琉璃式翘角屋顶。顶部覆瓦，檐口为瓦当状。檐下做莲花格子"窗"，再用青花瓷片嵌一条莲花瓣的花纹、一条回文状花纹。大门背后做成斗拱，顶部层层收束。

大门上方正中横书"向氏宗祠"，楷书阴刻，现残存的字呈红色。大门采用石头做门框，也是门楼承重的关键构件，高2.57米、宽1.98米。门楣上刻有"寿"字、宝剑等图案。两边门联竖刻"丕承厥志系哥小子、默定其祥惟（唯）我先人"，对联阳刻，以回纹镶边。

门楼前立一对石鼓，上有四圈鼓钉，鼓面有动物和花纹浮雕。接石阶梯，右侧是水井。两边是店铺、民居，古道从门前过。

"祠堂原来是向氏族人商量大事的地方，还开办有私塾。"村里杨永清老人说，向氏家族在年节时商议大事，家家户户凑米、凑钱，依据能力大小操持事务，有时一连好几天，称为"做会"。

在祠堂右边的向爽家，收藏有向氏宗祠的石碑，碑文如下：

> 昔我太祖，光盛公自黔中而来至止斯土也。上率夫子一，下率各房孙，则十有一焉。遐想其时，虽目庆四代蝉联而约计其数，大都不过二十余丁已耳！洎乎于兹，子姓蕃衍（繁衍），族支众焉。纵二三长房生齿多寡有间。捴（总）之，老少男女以及幼子童孙不下数百有奇矣。余则櫈不之纪（及）第举监而效力于祠宇者，勒其名于左。嘉庆丙子年六月谷旦合族公立。

五、老店

一条川盐古道把中大弯的建筑串联起来。该处是"九水归塘"之地，两条大山夹宽阔的峡谷，峡谷中有一条小溪，溪边过去是古道，村民房屋建在山沟巨大的"岩板"上，泉水、溪水汇集，溪水从"岩板"上流下来，积成深深浅浅的小水坑，平添许多意趣。

古道沿"当门"的小平坝前行，路边有砌得高高的石墙屋基，竹林掩映。沿溪沟前行，踏十余步原石砌成的岩石梯，即来到老店。中大垭村有三个老店，这是第一个老店。

老店是供路人歇脚、吃饭、住宿的地方，房子为木质瓦屋，一正一厢，共六间。正屋两层，吊脚楼三层，底层留出通道，供客人行走。由于受地理条件限制，老店几乎没有院坝，客人从吊脚楼下踏石阶而上，即到房子的阶檐。房子两用，在保证主人家日常生活、生产需要的基础上，可以招待客人。该房子为中大垭最老的房子，据说有100多年的历史，现保存较好。

老寨木屋

第二个老店在寨子正中，与向氏宗祠一路之隔。房屋中正大气，一正一厢，正屋三开间，因修建过村公路，将厢房毁了一间，现有一间正屋和偏檐。第三个老店建在路边。三个老店一线排列，各有不同。

中大湾50余栋木房子中，有一字吊式、平地起吊式、三层吊式。该处房子的挑枋和窗花很有特色，大多做成荷叶边。

六、历史名人与重要事件

中大湾村历史积淀深厚，在过去以人力和畜力运输的时代，该村经济和人文兴盛，村民在沿用吊脚楼、宗祠的同时，也传承着丰富的精神文化财富。

中大湾村重要历史人物有蒲宝光、向光盛等。

蒲宝光，清嘉庆元年（1796）白莲教起义，蒲宝光带领乡勇追剿，在距中大湾寨约3000米的鱼泉洞去世。同治九年（1870），宣恩县知县向光谦为其立碑题词。

向光盛，清乾隆年间率子从贵州黔中移居宣恩中大湾村红鱼井。嘉庆二十一年（1807），向氏修祠堂记其事。

中大湾村重要历史事件有两件。

一是清嘉庆元年（1796），白莲教在宣恩各地发展教民，并在来凤龙山起义，清王朝派重兵镇压，古盐道从中大湾经过。白莲教多次从此处经过，中大湾村民为躲白莲教，在寨旁大山中的癞子洞修墙将洞门封住避难。同治元年（1862），太平天国石达开部从此处经过，村民躲进癞子洞避难。

二是1935年6月9日，红二、六军团在忠堡设伏全歼国民党第四十一师张振汉部，忠堡战斗主战场距中大湾10千米。1935年8月3日，红二、六军团在板栗园设伏全歼国民党第八十五师谢彬部，板栗园主战场距中大湾5千米。

川盐古道废弃后，由于村寨远离车辆运输交通要道，向氏宗祠、人面像石刻、老寨、谱书等历史价值高的遗存得以完好地保存下来，成为人们研究武陵山区历史文化的重要村落。

（本文图片提供／吴明清）

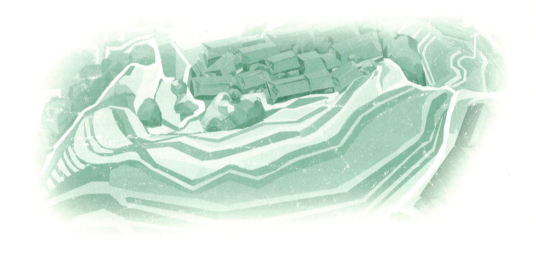

小茅坡营村

——湖北苗语第一村

　　小茅坡营村是宣恩县高罗镇所辖的一个行政村，该村是湖北省唯一保存完整苗语的苗族村落，被誉为"湖北苗语第一村"。小茅坡营村有5个村民小组，共140户483人，其中苗族407人。2008年3月27日，小茅坡营苗寨被湖北省人民政府公布为省级文物保护单位。2017年3月3日，国家民族事务委员会将小茅坡营村命名为"中国少数民族特色村寨"。

小茅坡营村位于宣恩县高罗镇西北部，距高罗集镇 15 千米，村域面积 5.81 平方千米，耕地面积 1641 亩，林地面积 6600 亩，森林覆盖率高达 75%。该村东西长 8000 米，南北宽 6000 米，地处亚热带欧亚大陆东部（季风环流形势）的地理位置和山地地貌状况，属于典型的季风性山地湿润气候。板场湖为最高点，海拔 1350.4 米，平均海拔 900 米，属于传统的二高山地形区，四季分明，雨量充沛，植被葱郁，气候适宜居住，是夏季避暑的好地方。

小茅坡营村寨门

小茅坡营村是一个苗族聚居村落，现为湖北省唯一的苗族语言保留地，当地的苗族自称"ghaob xongx"（仡雄、果雄）。小茅坡营村依然保留着纯朴的苗族风俗。从衣、食、住、行等日常生活到农耕、狩猎、捕鱼、节庆、歌舞、婚庆等社会生产生活的各个方面，保存了苗族传统文化的基本特征：苗族传统的吊脚楼建筑随处可见；喜酸好辣和大碗饮酒的饮食习惯仍然盛行；穿无领衣，缠青头帕，打绑腿在部分苗族老人中很常见。

一、苗族溯源

远古时期苗族先民聚居在黄河下游，其部落首领是蚩尤。因战争迁移到江淮地区，史称"三苗"。夏禹征三苗，三苗遗众又西迁到湘鄂黔地区。

小茅坡营苗族，是清乾隆、嘉庆年间从湘西、黔东北迁徙而来，至今有200多年历史。主要姓氏有龙、冯、石、孙、杨五姓，五姓相对集中居住在四个区域，以进入小茅坡营居住先后顺序呈阶梯形分布在海拔高度为650～1100米的地区。龙姓是最先迁入小茅坡营的苗民。昔时此地茅草丛生，茅草又高又大又多，苗民认为可安营扎寨，就取名叫小茅坡营。

小茅坡营冯姓自湖南花垣迁徙而来，最初住在长潭河东乡一带。道光年间，龙姓苗人到长潭河赶场时，与冯姓苗族相遇，讲苗语时相认湖南老乡，后来冯

冯家寨的天井（张建平 摄）

姓苗人在龙姓苗人的帮助下迁到小茅坡营。

小茅坡营石姓也是从湖南花垣迁徙而来。刚来时有石姓两兄弟，一个到洪家河，一个到观音塘，两人后得知龙、冯苗人在小茅坡营居住，于道光年间迁到离龙冯两姓不远的茶园定居。龙、冯、石姓苗族相邻居住长时期交往，相互通婚，聚族而居，不仅都说苗语，而且还保留着相对完整的苗族习俗。

二、苗寨吊脚楼群

小茅坡营苗寨吊脚楼将近100栋，主要分布在三个寨子，其历史为100～200年。

吊脚楼群以木质结构为主，少数砖木结构。一般是一正房两厢房，厢房做成吊脚楼。正屋的中间为堂屋，祭祀财神，吊脚楼上住人，楼下置碓、磨或放杂物，一侧圈养牲畜，堆放柴草等。房屋格局不拘一格，有四合院式的，有一正两厢房撮箕口式的，有一正一厢房钥匙头式的。房屋大小不一，有三柱四骑式的，有五柱四骑式的，也有五柱五骑式和六柱五骑式的。当地人认为，"要得发，不离八"，所以房屋的进深、开间、高低，其尾数都不离"八"字，"屋高逢八，家发人发""开间逢八，阳光满家"。"半边火炉"是建在中堂屋两头的两间或者一间屋里，叫"火炉屋"。火炉屋用四块条石围成"火坑"，或叫"火铺堂"，供取暖做饭用。火坑柴尾一方设神龛，苗语叫"坊告"，是苗家神圣的地方，客人不能坐，如果坐了就意味着不尊重主人。

总的来看，小茅坡营苗寨建筑结构、格局与其地势和自然条件相适宜，部分融合了土家族、汉族的文化元素。其突出的特点为：一是择僻而居；二是土木结构，木质材料便于雕饰，造型典雅，淳朴自然，所显现的技艺也很精湛；三是布局灵活，不求对称，形散神聚。

近年来，小茅坡营村还修建了具有民族特色的寨门、凉亭、风雨桥，配置了石凳石桌等，丰富了小茅坡营村的文化生活，提升了本地的地域特色和文化品位。

三、苗寨习俗

（一）渔猎

历史上，苗族人性格刚强，爱狩猎，腰上常有四件宝，即牛角火药角、铁砂篓、火镰和烟荷包。还有一种捕猎的武器叫"弩"，又称"弓箭"，苗语叫作"讷"，是用弯勾树蔸木棍制成的。男子长到18岁，老一辈就教他们使用枪和打猎的方法。苗民特别具有耐性和毅力；追赶野兽时，野兽入洞，他们也追赶入洞；野兽翻山越岭，他们也随之翻山越岭，直到打死捕获物为止。如遇猛虎豺豹之类，亦与之搏斗，有时人兽俱亡。打猎获得的野兽，实行原始的分配制度，平均分配，即"山中打鸟，见者有份"。

苗族狩猎的历史悠久，在整个经济生活中占有重要地位。清道光《施南府志·卷二十七》有一首描写苗族传统武器——苗刀的《苗刀歌》：

> 沙溪土司悍具豪，大为美容小散毛。
> 纳地久降诸峒长，尚存苗种悬苗刀。
> 此刀出匣三尺长，吴潭素练翻秋涛。
> 春鹃长毛白皎洁，鹧鹕安用寻常膏。
> 蛮儿捷健呈身手，累年剽掠横相遭。
> 官军缓攻夜剿抚，居民杂处思奔逃。
> 留兹利刀经战斗，往往深夜呜呜号。
> 即今向北买水犊，兼有就学娴风骚。

苗族还喜欢捕鱼，捕鱼工具主要有钩子、网、卡子、壕子、虾扒、罾等。原始方法是赤手摸鱼或是锤击石头，将鱼震昏，待浮出水面捕捉。如遇枯水季节，则用油茶枯饼发酵，制成毒鱼的茶枯粉，倒入河中，进行捕捞。

（二）婚庆

传统苗族婚庆中，两个重要人物不得不提：一个是媒人，另一个是"巴得"（苗语读bādè，下同），即掌握苗族信仰话语权的苗先生。在小茅坡营村苗族人心目中，如果媒人会说苗语，男女双方家长则会更加信任媒人的话，说媒成功率大大增加。如果苗先生运用苗语主持仪式，他们相信婚礼会更吉祥。

苗族实行本民族内部通婚，即族内婚。苗族婚姻规矩较多，如同姓同宗不通婚，不开"扁担亲（无偿交叉婚姻，一家兄妹或姐弟与另一家兄妹或姐弟通婚成亲上亲）"，不娶"登门亲"（女方家长上门求亲），有姑舅表婚之俗等，即"姑家之女，必嫁舅家之子""姑家女，舅家娶"。如舅家无子，姑家之女自嫁，亦须征得舅家同意，还要给舅家送丰厚的彩礼。这种母权制残存近亲结婚习俗，随之产生了父母之命、媒妁之言的包办婚姻，不过随着时代进步，这种习俗现已彻底改变。

苗族人定亲之前，由媒人说合，女方及家属要到男方家看家庭条件，男方有"打发"（回礼），赠送礼物。媒人多番说合经双方父母同意后，选好日子，男女双方整"炮火酒"，俗称"放炮火"，也就是订婚仪式。男方向女方送酒、肉、面、衣物和彩礼，其中包括值钱的银饰品等。结婚之前，遇到春节或端午节，男方要送礼品给女方，女方也有回赠。如果双方感情好，姑娘把绣好的鞋垫、板带或花荷包以及布鞋送给情郎，这是最珍贵的礼品。

苗家娶亲时，一般由"巴得"选个好日子，由媒人出面过礼，又称"盖礼"。盖礼完毕，按期嫁娶。嫁娶双方摆喜酒庆贺。女方叫出闺酒，男方叫娶亲酒。喜期一般三天。

苗家嫁姑娘、娶媳妇都是"隔夜亲"，此俗保持至今。婚期前一天，媒人随花轿鼓乐及迎亲队伍到女家，女方家安置招待住宿。酒宴上双方都要说一番吉祥礼仪性的客套话，有歌词颂扬相对。轿子放在院坝内，当天晚上发亲，新娘由其兄或弟背出闺房。下雨天新娘在阶檐坐，晴天新娘在院坝坐，由苗家姑娘、嫂子和弟媳等陪伴至天亮上轿，这叫隔夜亲。若苗家男子与其他民族女子结姻，娶亲同样是"隔夜亲",一切习俗按照苗族规矩办理,只要是娶亲,不管路程远近,男方必须在佳期的前一天到女方家去住宿,第二天娶亲到家。

半夜陪嫁歌。苗家嫁女因天未亮就已发亲,姑娘深夜冷落,必须有亲友和同寨姑娘半夜相陪。苗家办喜事,家中不准动哭声,以免惊动家先。怀念父母养育之恩和乡土故旧之情,只能用歌的形式哭诉倾吐,所以邀请了伴夜陪哭嫁。伴夜,由同寨未婚女郎,女眷家属数人陪姑娘守夜,一起唱哭嫁歌。实际上,寨里的男女青年都踊跃参加。虽说是哭嫁歌,实际上不哭。姑娘们借哭嫁寓情于歌,情歌对答。半夜陪嫁歌,歌目繁多,有《十想》《十劝》等。多是情歌曲调,欢畅满怀。到早晨7点,歌声停止。姑娘上轿或上车,迎亲宾客启程。姑娘出嫁后,请"巴得"安家先,并从宗表中撤除出嫁姑娘名单。

侧门迎亲。苗家娶媳妇,新郎新娘不在堂屋拜天地、祖宗,新娘进婆家不走大门走侧门。当新娘到男方家屋边时,"巴得"用公鸡"短煞"。即在男方的院坝边,用凳子摆上祭品烧香纸,"巴得"口念苗语"咒语",把公鸡从新娘上空扔过去,公鸡飞过新娘头顶。"短煞"后,新娘由两位伴娘引带至侧门边。在侧门边有一位等候的牵亲娘,牵亲娘必须是儿女满堂的苗家妇女。牵亲娘让新娘将露水鞋脱掉,只穿袜子,由牵亲娘把新娘的手拉住,出侧门直接引进洞房。进侧门前,要在门槛外放一把筛子,由牵亲娘将一把茅草点燃后,将筛子扑在上面,新娘由牵亲娘和伴娘牵引,伴娘绕筛而过,新娘跨过筛子,直接从侧门进入洞房,谓之"过筛子"或者"过火",表示辟邪,同时象征吉祥兴旺。新娘进屋不得见火。如遇冬季家中有火,必须用晒席将火遮住。同时,新郎的父母、兄弟姐妹等家属,要回避,谓之免"撞火脸",以免碰热气,招致家庭不和睦。新娘入洞房后,面东而坐。伴娘把新娘引进洞房后,双手端茶盘,请新郎新娘饮交杯茶,喝交杯酒。一般先饮茶后饮酒,茶酒都各饮半杯后互换,谓之"交欢"。

三日不同宿。苗族婚娶,新郎新娘三日不同宿。三日内由送亲的女高亲或伴娘相陪,足不出新房,吃饭喝茶都在洞房进行。三天后拜父母姑嫂,新娘新郎双双回转娘家,叫作"回门"。回门当天返回,返回后夫妻才能同宿。回门要送肉、面、酒等食物,娘家回礼必须有青菜、白菜等带青的菜,表示亲戚长久亲热、新郎新娘长久亲爱。婚礼完毕,也要请"巴得"安家先。在苗族人看来,在家中操办喜事,因人多,办事有响动,惊动了祖先,事过后及时请"巴得"安抚先人,并办理苗族人入谱或出谱事宜,过去还有还牛愿猪愿等俗。

(三)丧葬

"仡骧"(苗族)在丧葬仪式方面有着自己的特殊习俗。人死之前,要横放在堂屋里,头朝中柱,即苗家人火炉烧柴那一方,苗语叫"坊告",是供奉家先的地方。对着中柱横放一块门板,人躺在门板上,头对中柱,后人烧香纸。同时,指定一个嫡亲(姑亲舅舅)下河或到水井里挑担清水,在河边拔一把头朝河水下游的水菖蒲,由挑水人一手端钵清水,一手执水菖蒲蘸清水从死者胸前往下比划三次,祷告亡灵,说明死者归天。然后把菖蒲水放在神龛上,拿来照验回答死者,说他(她)已经归天。当用水菖蒲洒水祷告后,家里人用菖蒲水给亡

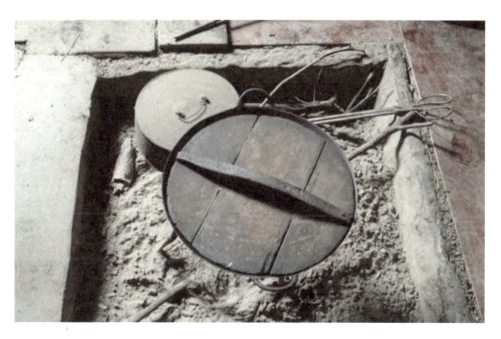

坊告前火塘

人洗澡、洗脸、擦"五心"（手掌心、脚掌心和胸口等）。用菖蒲水擦洗，表示亡者洁净归去。擦洗完毕，再穿上衣服，内衣必须是白色的，腰上系青色细线，线的多少以亡者的岁数计算，一岁一根，亡者手里捏三枝桃树枝。入殓后，拿掉桃树枝，亡者手里捏一把纸钱，穿衣后，"巴得"面对亡人做法事。法事完毕，收殓入棺，棺材横放在堂屋中间，头对"坊告"。有钱人请道士做道场，请歌班子唱丧歌，不打绕棺不跳丧。唱丧歌有苗歌客歌，都是悲词哀调。

出殡的头天，整火把酒。整火把酒的主持人不是亡者家里人，而是用菖蒲洒清水比画祷告的那位亲友。这个人作为亡者的背布引葬人。火把酒，席面丰盛，酒饭由亡者家里出。第二天发丧，不用道士，由"巴得"开路发丧，也称出殡。

出殡时，背布引葬人在前面引路，"巴得"和孝亲随后。在出殡路上，棺材在任何情况下都不能着地。至墓穴，旁边烧大火一堆，当棺木落井之时，"巴得"帮背布人解布，表示已把亡人引导入土。解布从头朝下解，腰围不解开，松一大圈落地，背布人立即跳出圈子。解布后，"巴得"做法事，下棺入墓穴。"巴得"手持用竹篾做成一弓，用一竹作为箭，站在棺木的前头搭箭射向亡者头朝的方向，后再封土。

送亡人上山安葬后，凡是踩了新坟土的人，一律要返回孝家，孝家大门外倒置的铁三脚上放簸箕一张，里面放些半生半熟米饭，每人都要取几粒放入口中，才能进屋。

若亡者是死在外地，或在屋外死亡的，尸体不能进堂屋内，棺木摆在院坝，在屋外办丧事，其程式是同在家死亡一样。若亡者在外面是非正常死亡，尸体不准进堂屋，亲属和本寨邻居不得碰尸体，由他人或寨外人办理入殓，并帮助送上山埋葬。若是在家中非正常死亡的死者，先由"巴得"按正常死亡的程式做法事，亲人和本寨的邻居不挨尸，请寨外人入殓，抬棺材送到鸡犬不能听到的偏远地方，安葬后"巴得"做法事，安家先。

苗家人对非正常死亡者很忌讳，平常不念非正常死亡者的名字，用苗语叫"（哥翁）达家"。对夭亡小孩，只穿袜，不穿鞋，仪式简单，当天送上山埋葬。

（四）过年

小茅坡营村苗族从腊月三十到来年正月十一，这一时间内要过两个年。腊月三十过年，正月从初一到十一内逢"午"或逢"子"过苗年，苗家人过年形式和内容上具有浓厚的民族特色。

腊月三十过年，有团年的习俗。苗家过年十分隆重，非常热闹。每年的腊月，苗家山寨充满了准备过年的气氛，家家户户准备油、盐、柴、米、茶，打年货，杀年猪，做年粑粑，推豆腐等，显示出一种"忙年"的景象。

过苗年，苗家人祖辈代代相传至今。关于过苗年还有一个历史传说。高罗苗寨及杨柳池杨姓祖辈相传，在逃亡的路上，他们遇到追兵，几个人躲在一个茅棚里不敢作声，未被追兵发现，鸡叫后追兵才走，得以保全性命。为了纪念，过苗年这天晚上不能见血，不能讲不吉利的话，直到鸡叫才解禁。小茅坡营村苗寨龙、冯、石等姓氏的苗族人过苗年按六甲子从正月初一算起，往后推算，逢"午"过苗年，石姓中的一支逢"子"过苗年。

过苗年是宣恩苗族最庄严、最隆重、最具有民族特色的节日。在这段时间内，不出寨串门，不能吃外边的一切食物，不在山上捡柴回来烧，不到菜园里弄菜回来吃，亲戚朋友拜年送来的一切食品都不能在过苗年期间吃。这一时期内，生活用品必须作好准备，备足生活饮用水（苗年期间饮水不能到水井去挑），菜要准备充足。

在过苗年期间内，有很多禁忌，不能说不吉利的话，不能说鬼神怪妖之类的字词，特别忌讲莴麻菜这种蔬菜和看见莴麻菜，

炕上的腊肉（张建平　摄）

不能在家中打闹,不能在家中吹风打哨,走路要规矩,忌走路跌倒。食物若被别人扇风吹气都不能吃,否则不吉利。

过苗年这一天(逢午或逢子这一天),上午要将所有要用的菜切好,柴砍好备齐,下午不能用菜刀、镰刀、斧头、锯子等锐利的器具。如果是上山打猎或做事,中午之前都要回到家中。这一天不能见血。晚餐非常丰盛,吃饭的时间很晚,一般在下午七八点钟才吃饭,吃了晚饭一家老小都不准串门,全家人坐到很晚才进房睡觉。全家人睡觉的时间基本是统一的,只要一进房睡觉,不管大人小孩都不准说话,连小孩都不准哭出声,禁止一切喧闹响动,直至天亮才解禁。苗家人苗年一过完,各种禁忌规矩都解禁,大家开始出寨串门,走亲戚等。

(五)信仰

小茅坡营村苗族至今还保留着自然崇拜、祖先崇拜、图腾崇拜、还大牛愿等原始宗教痕迹,在佛教、道教的影响下形成了色彩纷呈、多种多样的宗教文化。

"安家先"习俗。"安家先"就是祭谱。苗族人有两种"宗表",是无字谱书。一姓人或一大支人一个"宗表","宗表"是一个直径5厘米、长15~20厘米的竹筒,竹筒内卷着一块青布或红布,竹筒口用一个塞子密封。这种"宗表"要找本族最虔诚的人保管,竹筒要放在柜子或箱子里,只能立放,筒口向上,不能平放或倒放。如需要用"宗表",取出时只能在上午,不能在下午,竹筒的塞子不允许随便拔出,由苗老司做法事时拔出。若族内无妥当的保管人时,由"巴得"代管。

苗族"宗表"内的布,没有书写任何文字,"入谱""出谱"通过"巴得"用苗语做法事进行。苗家人娶一个媳妇进家或生小孩满三年后,进行"入谱"仪式,请"巴得"安家先,做法事、上活人谱,叫"入谱","巴得"一边做法事一边把青布在手上顺转二次,将"入谱"人的名字告诉祖先,使祖先知道"入谱"人是他们的子孙,祖先保佑"入谱"人一生平平安安,风调雨顺,发家发人。

图腾崇拜。小茅坡营苗家在不同程度上保留着盘瓠图腾崇拜的遗风。苗家人相传盘瓠是开天辟地的始祖,是万物的创造者,苗族人喜欢跟出生小孩戴"狗头帽",酷似狗头。上面嵌有18个银菩萨、响铃、挂牌等银器,借图腾镇邪除恶赐寿,希望保佑小孩平安。另外,常在堂屋正中板壁上挂上水牛头骨,保持着对水牛的图腾崇拜。

（六）椎牛

椎牛（chuí niú）,也叫还大牛愿,即椎牛盛会。这是苗族祭祀活动中最盛大、最隆重的一项还愿仪式。小茅坡营村苗寨还大牛愿,始于清乾嘉时期,盛行于清末民初,最近的一次是2003年12月3日建州20周年之际,举办传统的庆典活动——椎牛,再现了苗族人民坚强、勇敢、团结、拼搏的民族精神。

此愿要具备一定物质基础的人家才有能力操办,一般人家是还不起大牛愿的。它不仅是苗家人的虔诚愿信,同时也是苗族最大的欢庆盛会,集苗家舞蹈、歌曲、鼓乐演奏之大成。另外,还大牛愿的过程也是祭祀仪式的集中表演。

椎牛活动隆重庄严,场面热闹非凡。椎牛场地设有神台,摆上法案,法案前竖根将军柱和刀梯,将军柱长一丈八尺三寸（约6.09米）,柱上刻有18个菱形和33道环形图案,图案涂上五颜六色（传说18个菱形和33个环形雕刻造型表示下达十八层地狱,上通三十三重青天）,将军柱上套一个大蔑环,一头大水牯头上戴一朵大红花,牯牛被灌了烈酒,鼓着一对红红的大眼睛,被套在将军柱的大篾环上。刀梯耸立在椎牛场,四方用八号铁丝固定,铁丝上系着五颜六色的彩旗,刀梯上插着24把刀刃向上的锋利尖刀,尖刀把上系着红绸,彩旗红绸随风飘舞,使椎牛活动场地显得十分隆重庄严。场地中心烧着一堆熊熊大火,火焰高达丈余,大火中烧七张犁田用的大铧口,这是为苗老司踩铧口过火海而准备的。

接下来,椎牛活动正式开始。整个场地锣鼓喧天,鞭炮齐鸣。首先表演苗鼓舞,苗鼓舞是苗族古老的传统文化艺术之一。鼓舞开始了,两个大鼓摆在椎牛场中心,

6名苗族男青年进行表演,表演的动作有抽风箱、打铁、打粑粑、推磨、挖土、犁地、耕田、播种插秧、种棉、种苞谷、割稻打谷、挑抬、伐木等,主要模仿劳动、武术及生活习俗等方面的动作,表演动作英武勇猛、粗犷奔放,鼓槌上下翻飞,鼓声雷动。花鼓舞由一对苗族男女青年表演,男鼓手敲击鼓边,女鼓手击鼓表演,动作主要反映采桑、养蚕、纺棉、织布、搓麻纺线、绣花、梳头照镜、摘花戴花等动作,舞姿优美,洒脱轻松,活泼愉快,别有风韵。

上刀梯表演,扣人心弦,围观群众不时发出吆喝声为表演者鼓劲。上刀梯是苗族人民在祭祀仪式中的一种传统绝技表演活动。上刀梯时,先由"巴得"用一公鸡做法事,锣鼓牛角号齐鸣,法事毕,由"巴得"赤脚踩在锋利的刀刃上,一步一步向上爬,上完24把锋利的刀梯,"巴得"在刀梯上朝天吹一阵牛角号,最后下梯。

熊熊大火旁,人们向前拥挤,争相观看表演踩铧口绝技。一般踩铧口的张数是七张或九张。踩铧口时,由"巴得"做法事,将七张烧得通红的铁铧口,用铁钩从大火中钩出,摆成一排,"巴得"喝一大口菜油,喷在铧口上,铧口顿时火焰冲天,"巴得"赤脚迅速从通红的七张铧口踩过,而"巴得"赤裸的脚掌却安然无恙。踩铧口寓意为过火海,是苗族祭祀中的一种传统文化活动。

打苗鼓,上刀山,越火海之后,接着进行椎牛仪式。椎牛,汉语叫"还牛愿"。小茅坡营村苗族"还牛愿"有大小牛愿之分。"还大牛愿"需选黄道吉日,祭品是大水牯一头、黄牯一头、猪数头、公鸡一只。其过程是:场地门前排法案,选虔诚男性三人穿法衣扮阎王,"巴得"在阎王背后施法,法案前栽两根将军柱,一根套水牯,另一根套黄牯。将军柱上套一个可以转动的大篾环,用筋藤把牛鼻子、牛角捆在篾环上,柱周围用石灰划一个圆圈,牛只能在石灰圈内转圈。椎牛时,由"巴得"主持做法事,枪手同时杀牛。杀牛枪手选四个嫡亲,主要是娘家舅舅,倒背蓑衣,穿上号衣,脸上涂成花脸。举行椎牛仪式时,四位枪手各立固定位置。"巴得"第一堂法事后,由枪手把水牯捆好,执行刺杀。"巴得"法事做完时,枪手用力刺牛,四枪手最后一镖将牛刺死。椎牛时,牛倒地的方向很讲究,牛死时头必须向屋内,叫"直倒",主人为大吉;头脚向屋叫"横倒"为中吉；牛的头脚倒的方向背着主人的屋叫"无情横倒"为"凶"；牛头向外，牛尾对屋内的叫"背倒"为"大凶"。故在牛即将倒地之时，枪手们均围在牛旁，如有凶倒趋势，迅速上前纠正，使牛倒向吉利的方向。

把牛刺死后，主人家准备有一帮人，从屋内冲出抢牛，四位枪手将牛往外拉，这帮人往里拉，拉扯中四位枪手败阵。后将牛的前后胯连皮砍下，一、二枪手得后胯，三、四枪手得前胯，牛头、牛身、内脏等归主人。当水牛被杀死后，"巴得"必须做送牛上天祭神仪式，一面念词，一面代表主人亲朋送牛上天。"巴得"所敬的上天尊神是阿普蚩尤，阿普蚩尤是在各种祭祀形式中都必须念到。另一柱的黄牛不再进行刺杀仪式。杀牛后由一枪手执斧捶击而死。

还大牛愿前后要进行十天，前七天由"巴得"做法事，第八天举行椎牛仪式。从第八天起开始亲朋庆祝活动，其间，表演鼓舞、对歌、踩铧口、上刀梯等传统文化节目。道贺的朋友要送彩礼，道贺时，大门口选一个或几个苗族歌手，站在大门内侧举行对歌，如果客人与歌手水平相当，一唱就是半天，十分有趣。对完歌亲朋进堂屋，堂屋内的大八仙桌上放上很大一盆牛肉，大家围着大桌子边跳舞边唱歌，边用手抓盆内的肉吃，同时用大碗喝酒，十分热闹。庆祝结束后，"巴得"安家先，椎牛活动完毕。

（七）饮食

小茅坡营村苗族的传统饮食习俗与他们所处的自然地理环境有着密切的关系。居住在这一带的苗族村民，其主食有水稻、玉米、红薯、马铃薯等，副食有豆类、瓜类、蔬菜类等。过去由于地处深山，交通闭塞，经济条件差，大部分人家都是长期缺少食盐，因此自制腌制食品来代替食盐，成为当地人较为常见的一种生活习惯。在日常生活中，苗族村民嗜食酸、甜、辣味已经成为一种传统。酸味菜在苗族生活中常见的有酸菜鱼、土坛酸菜、酸肉等。甜味食品除了蜂糖之外，还有甜菜、甜瓜等。苗族家庭中每当有客人来或者在节日里有好酒好肉时，在吃之前，由家里的老人和成年人先用筷子点一点碗中的酒滴在地上，表示让祖先与家人一起共享,同时也教育后代,无论什么时候,自己有了好的生活,都不要忘记自己的老祖宗。

(八)服饰

苗族服饰式样繁多,色彩艳丽。苗族有"好五色衣裳"的记载。苗族的服饰令人眼花缭乱,样式堪称中国民族服装之最。较有代表性的是传统"盛装",仅插在发髻上的头饰就有几十种。苗族妇女上身一般穿窄袖、大领、对襟短衣,下身穿百褶裙。衣裙或长可抵足,或短不及膝。便装时则多在头上包头帕,上身大襟短衣,下身长裤,镶绣花边,系一幅绣花围腰,再加少许精致银饰衬托。妇女服饰样式最多,达130余种,仅贵州就有101种。穿百褶裙,但长短不一。有的到脚面,有的过小腿肚,有的过膝,有的仅30厘米左右,但以裙到小腿肚最为普遍。颜色为青、蓝、白色,裙面有绣花、挑花、镶花,也有蜡染或素净的。上衣有大襟的,也有大头的。在清乾隆、嘉庆后,改穿长裤、大襟右衽上衣,衣边、袖口、裤脚都镶花边。在接龙时才穿裙子,平时不穿裙。

苗女服饰(张永耀 摄)

四、语言

苗语是我国多种语言中的一种独立语言,有语言无文字,属汉藏语系苗瑶语族苗语东部方言。苗语大致分为三大方言、七大次方言,有18种土语。三大方言有湘西方言(东部方言)、黔东方言(中部方言)、黔滇方言(西部方言)。

小茅坡营村龙、冯、石三姓都是从湘西花垣迁来,原居住地相近,风俗习惯完全相同,所使用的语言均属湘西苗语的西部次方言。

乡土苗语教材(局部)(张建平 摄)

小茅坡营村苗语的语音特点主要表现为:一是声母多,韵母少。据龙顺成和县民宗局杨华主编的《宣恩苗语》一书介绍,有49个声母,37个韵母,6个声调,词汇丰富,构成方式多种多样。二是保留完整的复辅音声母。三是受汉语影响而增加了一些用来拼读汉语借词的读音。句子成分相互配合,形成多姿多彩的句子格式。小茅坡营村苗寨至今仍保留对外讲汉语、对内讲苗语,采用苗汉双语制。1984年9月,小茅坡营民族小学开设了苗语课,2015年,该校撤销,学生转入高罗中心小学继续学习苗语课。

小茅坡营村的苗语保存较为完整,大部分人会说苗语。小茅坡营村属苗族聚居区,与周围其他民族居住区相隔三四千米。在清代和民国自给自足的经济条件下，苗族与外界交往甚少，处于相对封闭的状态，受外部文化影响小。清朝和民国时期，苗族保持着顽强的民族斗争精神，民族意识和内聚力较强，苗语成为民族内聚力的重要纽带。小茅坡营村祖传这样一种风气：苗家人的子孙后代必须说苗话。龙、石、冯、杨四姓苗族从襁褓起就教子孙讲苗话，教育后代不管什么时候都不能忘了自己是"ghob xongx（仡雄，苗族自称）"，不忘记"xangt.put xangt niax（祖宗）""mab（父亲）""ned（母亲）"。小茅坡营村从古到今不成文的一条规定是"苗族养数子，必有一苗妇"，意思是说，家中有多个儿子，如果娶媳妇，其中一个儿子必须娶苗家女子为妻，其目的在于通过"苗妇"传承苗语。苗家娶其他民族女子做媳妇，婆婆、丈夫、姑嫂都要耐心地教她说苗语。家庭内部讲苗话已成为当地一种习惯，上至六七十岁的老人，下至三四岁幼儿，都能说一口流利的苗语。

（本文图片除注明外，均为吴明清提供）

走近

伍家台村
——贡茶一脉润古今

宣恩县万寨乡伍家台村历史悠久，风貌独特，资源丰富，自古为寻幽览胜之地。近年来伍家台村先后获得"湖北省休闲农业示范点""荆楚最佳景观奖""湖北最美乡村""全国文明村镇""中国美丽休闲乡村""中国少数民族特色村寨""中国茶乡旅游精品线路""中国最美茶园""国际魅力茶乡"等荣誉称号。

伍家台村位于宣恩县东北部，距宣恩县城和万寨乡集镇各15千米，土地面

伍家台村景

积8.5平方千米，辖17个村民小组，561户2019人。耕地面积1094亩，林地7150亩，植被覆盖率70%。茶园4542亩，茶园每户达到8亩，人均2.2亩，全年茶叶产量3000吨，实现收入2854万元。茶叶加工企业14家，其中规模以上企业2家。"伍家台贡茶园"被列为湖北省文物保护单位，"伍家台贡茶制作技艺"进入湖北省非物质文化遗产保护名录。2018年，伍家台村建成了国家4A级旅游景区——恩施伍家台乡村休闲度假区。景区内有特色浓郁的茶家乐，可体验开放式乡村生态文化。

伍家台村建有一个游客接待中心，提供导游服务；9家茶家乐，可同时提供810人就餐，接待300人住宿；建有4栋旅游公共厕所；大型停车场可同时容纳2000辆车停放。游客在这里能全方位感受伍家台贡茶文化，有大型贡茶文化展示厅、专业的非物质文化遗产传承中心及手工制茶技艺展示，村落民居特色突出，餐饮、住宿、体验、文化展示等设施功能齐全。

"伍家台贡茶"进入国家地理标志产品保护目录。伍家台是湖北省农村党员干部"双建双带"活动示范基地,华中农业大学教学科研基地、湖北民族大学实习基地。伍家台村以农业为基础、农民为主体,依托农业产业、乡村文化、村落建筑、民俗风情、生态资源、人居环境等优势,因地制宜发展休闲农业和乡村旅游,功能特色突出,文化内涵丰富。注重产业的融合,充分利用茶旅融合大力发展旅游产业,增加旅游产品类型,初步形成了生态茶园观光、贡茶文化寻踪、传统茶艺体验等系列旅游产品。

一、如画的茶园

伍家台国家 4A 级贡茶文化旅游区,以贡茶文化游、土家风情休闲游、养生避暑居家游为主,打造"仙游养生地,贡茶第一寨"。景区内,有茶花谷、贡茶广场、贡茶山、龙洞湾、昌臣故里、浪漫茶海六大游览区,以及昌臣湖、三泡泉、茶神台、隆恩亭、乾坤壶、神龟山、狮子山、虎突泉、珍稀树考、涌天香十大景点,七彩茶道、隆恩茶道、云中茶道、天香栈道、茶马香道将六大游览区和十大景点贯穿互通,形成一个开放式生态文化旅游景区。

贡茶广场的"献茶、泡茶、品茶"人文雕像,贡茶山上的乾隆碑、茶神台,贡茶先祖的昌臣墓,狮子山、神龟山、虎突泉的神奇传说,增加了伍家台村的人文底蕴。龙洞湾游览区中亮丽的人文景观"涌天香"大型人文雕塑,位于龙洞湾游览区狮子山顶凤凰台上。十根托举状的橙色柱(喻为茶农之手)相拥着三片绿叶,寓意是:春到伍家台,贡茶吐芬芳;一叶动天下,四海涌天香。贡茶手工制作、贡茶三泡、茶家乐的油茶汤、酥茶叶、茶香腊肉特色美食等,形成了伍家台丰富多彩的地域文化和民族风情。

伍家台是有机富硒贡茶的发源地。伍家台地处宣恩县 15 万亩贡茶经济带的中心位置,这里常年云雾缭绕,日照充足,环境无污染,原料品质极佳。伍家台贡茶茶园,依山就势而种植,茶垄或平直或梯状或坡形,每当春天茶园新芽齐展时,茶园泛绿泛香。人身处其间,似置身茶海,闻淡淡茶香,拍千姿靓照,会有心旷神怡之感。

（一）昌臣故里

伍昌臣（1757—1827），湖北省宣恩县万寨乡伍家台人。他从青年时代开始，对茶的研究情有独钟，在伍家台花栎坪发现几十株野生茶后悉心栽培，钻研采摘制作，精益求精。所制之茶，色香味俱佳，远近闻名。当地一直流传伍昌臣许多动听而神奇的故事。

伍昌臣出名后，文武官吏，争相拜访。"皇恩宠锡"御匾悬挂于中堂，官吏到此，文官下轿，武官下马。如今，在昌臣故里两棵千年古枫香树旁仍可见遗迹。

清道光八年（1827）三月，伍昌臣年迈辞世。伍氏后裔修墓立碑纪念，石碑正文"皇恩宠赐"四个苍劲有力的楷书无不透露着昔日的荣耀。昌臣古墓保存至今，现为湖北省文物保护单位。

（二）隆恩亭

相传"伍家台贡茶"因御匾扬名后，年年都有地方官吏、乡绅名流，慕名

隆恩亭

到伍家台贡茶山游皇家贡茶园，祭拜茶神，观景品茗，然无一处休息之亭台。贡茶创始人伍昌臣采纳众意，遂在山顶上修一处凉亭，并取名"隆恩亭"，寓意感谢皇帝隆恩。隆恩亭立于贡茶山顶，人们置身其间，凉风拂面品贡茗，观日赏月乐似仙。

（三）茶神台

当年，伍昌臣新制绿茶献于乾隆皇帝，得宠赐匾后的一天，伍昌臣站在尖峰堡上，凝望神龟山，恍然大悟：曾有神龟托梦送茶苗，今得恩宠，必有茶神相助。于是在贡茶山的半山坡上，他围着仅存的几棵茶树王建了茶神台。每逢清明时节，伍昌臣便率族人到茶神台用三泡新茶敬献茶神，祈求风调雨顺，茶园丰产。

（四）昌臣湖

伍家台有一年遇大旱，茶农伍昌臣为找水，在这里挖出一眼泉水，筑成水塘，供大家浇茶用水渡过天旱难关。茶农为铭记伍昌臣之功德，因"福"与"湖"谐音，便称该小水塘为"昌臣湖"。时过境迁，昌臣湖由一小水塘改建成了秀丽湖泊。这里花木相拥，水静鸟鸣，别有洞天；可在湖中泛舟，湖边垂钓；休闲其间，尽享放松心情之美妙。

（五）乾坤壶

贡茶创始人伍昌臣与清峰道观的星云道长的友情深厚，昌臣所制之茶得到博学茶道的星云道长指点，每回斗茶夺魁，直至受乾隆皇帝恩宠。人们因难忘祖功之情，特在道观遗址上塑造了这把巨大的茶壶，恰在道观遗址中掘出一把刻有"壶里乾坤大，玄机笑谈中"的铜茶壶，因而，便把此茶壶命名为"乾坤壶"。

乾坤壶

二、贡茶文化节

为弘扬贡茶文化、壮大贡茶特色产业，推动宣恩文化旅游事业，祭拜贡茶先祖伍昌臣，充分展示宣恩浓厚的贡茶文化、贡茶产业优势和民间风俗，在伍家台每年都会举办贡茶先祖拜谒大典，成为当地隆重的民俗节日。

伍家台贡茶先祖拜谒大典活动，在传统的原生态宣恩高腔山歌"喊山"中开场。从全国选拔出来的"贡茶仙子"献礼迎宾，她们用优美的舞姿、传统的礼仪，以茶为媒，为宾客奉上翠绿清香的新茶，向全国宾客发出来自宣恩的盛情邀请。活动由土家祭师梯玛主持，首先幡旗方阵入场，奉祀乐舞《茅古斯》和奉祀祝词表演结束后，八位伍氏传人为贡茶先祖上香、敬茶；宣恩当地志愿者通过三献礼，向贡茶先祖伍昌臣奉上五谷、苞谷酒和土家织锦"西兰卡普"；再由伍昌臣后裔代表，土家、苗、汉族青年学子，手持长卷集体诵读《诵茶祖文》，祭拜仪式落幕。拜祖仪式庄严肃穆，重塑了伍昌臣"贡茶先祖"的历史地位，擦亮了宣恩贡茶名片。

在歌舞唱颂环节中,"请喝一杯宣恩茶"蕴含春茶的清香,散发浓郁的土苗风情;祭祀舞蹈"八宝铜铃舞"传承了土家传统民俗文化,彰显民间特色。压轴表演是由数百名连厢传承人和舞蹈演员一起,用宣恩省级非物质文化遗产——滚龙连厢的表演形式,祈福宣恩,祝福茶乡。

三、历史传说

相传乾隆二十二年(1758),伍家台的伍文海又添新口,伍昌臣出生了。伍文海家境贫寒,没送伍昌臣念书,而是选择了务农。伍昌臣天性聪慧,不但会务农,还会几种手艺。

伍昌臣是个本分人,但搞农业生产并不"本分",他爱动脑筋,从种粮食想到种蓼蓝,种蓼蓝的时候,他又想到新的致富门路。种蓼蓝的地方,以前是花栎树山,在开垦这块土地时,发现有几十棵野生茶苗,伍昌臣没有把野生茶苗毁掉,而是移栽在一块田里,精心培育和管理,逐渐形成一丘茶园。野茶苗长得很快,冬去春来,到了采茶季节,伍昌臣采了新茶叶,精心制作,泡出的头杯水,汤清色绿,甘醇初露;第二杯水,深绿透淡黄;第三杯水,汤碧泛青,芳馥横溢。他把未喝完的头年春茶,用坛子密封,第二年饮用,其色、香、味、形不变,仍保持新茶的特点。伍昌臣把新茶当作礼物送给亲戚和附近的村

伍昌臣塑像

民——"这个茶好喝!"凡是喝过这种茶的人,都争先恐后来购买,他们舍不得喝,又当作礼物送给亲朋好友。伍昌臣的茶叶火起来了,县里的绅士也登门拜访,买他的茶,和他交朋友,这些人中,就有县城的绅士唐仁智。

宣恩知县刘澍在唐仁智家中喝到伍昌臣生产的茶后,推荐给施南知府廷毓,廷毓敬献给乾隆皇帝,从而演绎出了"皇恩宠锡"的佳话。

四、传统手工茶技艺

宣恩县伍家台贡茶制作技艺,于2008年12月入选县级非物质文化遗产保护项目,2009年2月入选州级非物质文化遗产保护项目,2011年6月入选省级非物质文化遗产保护项目。

伍家台贡茶制作技艺传承人郑时兵,于1975年10月出生于贡茶发源地伍家台村,从小就受到祖辈们长期种植茶、经营茶的影响,1996年3月拜贡茶技艺传承人李维炳(1984年,时任国家领导人胡耀邦视察宣恩时所喝的茶就是由他亲手按贡茶传统技艺制作的)为师,潜心学习伍家台贡茶制作技艺。由于他虚心好学,得到了师傅真传,从而成为李维炳的得意门生。有了制茶的扎实功底,2003年郑时兵承包了伍家台村集体茶厂,2006年组建了宣恩县伍台昌臣茶业有限公司。2007年,该企业成为华中农业大学教学科研基地,并在该校著名茶叶专家倪德江教授的指导下,主攻伍家台贡茶"昌臣"牌绿茶、毛尖等系列产品,因其色香味形独特,多次荣获省级、部级荣誉及博览会金奖。尤其是在2009年首届"伍家台贡茶及包装"大赛中,"昌臣绿针"荣获一等奖;在湖北省二十佳名优茶大赛中,夺得评比总分第一名;在2012年"恩施硒茶文化艺术节——武汉国际会展中心名茶推介及茶文化表演"活动中,500克伍家台贡茶极品拍出了11万元人民币;2013年3月在首届伍家台贡茶开园节中,该公司选送的茶叶荣获特等奖。

郑时兵在传承贡茶技艺、弘扬贡茶文化中作出了积极贡献,先后获得宣恩县十佳创业者、恩施州劳动模范、全国创业之星等多项荣誉称号,并当选为宣恩县政协委员、恩施州党代表、湖北省人大代表,现为伍家台贡茶技艺湖北省级非物质文化代表性传承人。

2015年2月，湖北省文化厅命名伍家台为"湖北省非物质遗产传承示范基地"。8月14日，"湖北宣恩伍家台贡茶研究院"挂牌成立。旨在挖掘、传承、研究伍家台贡茶文化及其制作工艺，开展良种繁育、茶树栽培、茶叶制作等科研活动以及茶叶营销、品牌战略等。

五、伍氏家族

伍氏拟定的字派序列是：桂、世、景、万、显、廷、子、风、启、之、文、昌、光、宗、纪、肇、修、示、昭、祖、德、思、维、孝、友、本、乃、立。迁来宣恩的是第九代"启"字辈，迄今已有200多年，应是清雍正年间。

伍氏祖籍湖南长沙县榔栗市（现长沙县榔梨镇），那里地势低洼，常遭水淹。雍正年间，一个婴儿呱呱落地，起初族里长辈按伍家族内排行，将这个孩子取名叫伍启明，但"明"字在清代犯忌讳，要重改。孩子的母亲说"启明"不要改，启明星是白天的开始，会带来好运。平时怕犯忌讳招来灾祸，人们不喊他的学名，就叫他"启娃"。

启娃慢慢长大成人。康熙驾崩雍正继位，启娃已满十八岁。这年长沙县洪水泛滥，榔栗一片汪洋，房屋被冲毁，田土被淹没；灾后又暴发瘟疫，启娃父母染病双亡，老家不能住了，启娃只好带着弟弟逃荒。

雍正十三年（1735），启娃来到施南土司地界，在贡水河边找到一个好地方，这里山不高，水也不缺，而且一年四季不冷不热，是居家的理想之地。可这里是土司管辖，田土山林归土司所有，在这里安家不知土司王爷答不答应。启娃找到土司衙门打听，王爷不在家，因犯命案逃到容美去了。管事的是一个姓覃的总管，他找到这个总管说："老爷，给我块地方住吧！"

总管打量着这个长得壮实的湖南汉子，因施南土司人不多，满山遍野都是荒山荒土，正需要人耕种。加上眼前官兵压境，要改土归流，废除土司，王爷都躲起来了，不如送个顺水人情。

"你想住哪里？"总管问。启娃说"在板场那边"。总管点点头，算是答应了。启娃赶紧回到板场后面的小山丘上，搭了个茅草棚，下定决心在这里住下来。这一年启娃41岁。

一个40多岁的外地人，人生地不熟，加上手头没钱，找对象结婚是不容易的。启娃托人讲了两处亲事都没讲成，也就死了心。亲事没讲成，生产可没放松，他在山堡上开荒种地，第一年就得了好收成。第二年、第三年，连年丰收。又过了好多年，启娃把茅草棚改建成瓦房，这个山沟里有人住了，附近的村民将这里称作"伍家台"，伍启娃也变成了"伍启老"。

"有心栽花花不开，无心插柳柳成荫"，伍启老到了79岁，有人给提亲来了，说媒的人是原来的覃总管，他现在的官职是"里长"。原来有一个外来逃荒的年轻女子，要里长给她找一个地方安身，覃里长想到还是单身的伍启老，正好合成一对。覃里长一提，伍启老满口答应，这是伍启老求之不得的好事，这门亲事就这么定下来了。伍启老选了个良辰吉日，请里长做上客，办了十几桌酒席，周围村民都来祝贺。

第二年，年轻的妻子生了一个白胖胖的小子，快满80的人还能生育，外面的人说闲话，伍启老没有理会，欣喜若狂，即兴作诗："八十公公养一娃，笑坏长沙百万家；若是老汉亲骨脉，长大依旧回长沙。"

伍启老按排行给儿子取名叫伍之良，之良娶妻潘氏，伍氏后裔尊称潘太君。潘氏生三子，长子文海、次子文河、三子文琏；其长子文海生一子，名伍昌臣。

伍启老的儿子伍之良，于中年回了长沙老家，兑现了伍启老"长大依旧回长沙"的夙愿，至今仍传为佳话。

六、绚丽的风光

（一）虎突泉

虎突泉位于龙洞湾游览区内狮子山北面山下。虎突泉原名叫老虎洞，相传当地人曾见有两只小老虎在洞口歇息,俗称"老虎洞"。洞内深藏暗河,其水四季势如鼎沸,且伴有"噗嘟"声。一日,一位北方道长云游至此,听闻此事,便对伍昌臣等建议道:"老虎洞内水流声似虎跃奔突,何不将老虎洞改成虎突泉,与天下第一泉趵突泉齐名,形成'北有趵突泉,南有虎突泉'传世也。"大家觉得有理,后改称老虎洞为虎突泉并流传至今。虎突泉之水泡当地绿茶,甘甜清香,回味悠长,故当地农户专用洞中泉水泡茶礼待贵客。

(二)神龟山

据传,一个大晴天,虎突泉洞冒大水,一只千年神龟随水漂到贡茶山脚下,被伍家台人间仙境般的茶园风光所吸引,便有意留下帮助在其龟背上种茶的第一人。恰好茶农伍昌臣最早到其龟背上育茶,神龟便托梦伍昌臣:"送你几棵天庭里的茶苗,好生栽种,必有好运!"伍昌臣梦醒,来到神龟山,果见数棵新茶苗,

神龟山茶园

如获至宝。几年起早贪黑，精心栽培，终得制茶进贡获"皇恩宠锡"。此后，龟背山下有"千年神龟"的传说相传至今,形似龟背的小茶山也被伍家台人称为"神龟山"。

（三）狮子山

狮子山头向南望尾向北延，长达几千米。远眺雄狮起舞，端庄大方。很早以前，伍家台地处群山半坡，谷深林茂，常有狮子出没。一天，当地一猎户在现在的狮子山顶上捡了一只不知名的小动物并带回了家。谁知，之后人们在狮子山顶上常听见狮吼声。猎户带回家的小动物突然有一天不见了，随后山顶上也没有了狮吼声。原来猎户捡的是一只幼狮。从此，当地人便叫该山为"狮子山"。相传在狮子山狮身的尾部，住着一户叫张天灵的大富人家，家大业旺。人们常说："狮子'吃'的花栎坪，'扇'的是张天灵，吃不完来用不尽，几床晒席晒金银。"狮子山曾是茶马古道必经之地，如今这里的茶农们仍对狮子山的传奇故事津津乐道。

（四）三泡泉

三泡泉原名后山泉，泉水从茶花谷的茶山石缝中流出，水不大但从不干涸，水清味甘。相传一年清明时节，施南知府廷毓慕名到伍家台品伍昌臣新制的头道清明茶。伍昌臣忙叫妻子到茶花谷后山泉打壶泉水，因小路难走，他妻子取回时，一壶泉水已剩不多。水烧开后给知府泡茶，刚好泡出三泡茶：一泡汤清色绿；二泡熟栗香郁；三泡芳馥横溢。廷毓知府边喝边说"好茶、好茶"，问道："伍昌臣你是用什么水泡出这么好喝的茶？"伍昌臣灵机一动，随口说道："是用茶花谷中的三泡泉水。"从此，三泡泉因此得名，流传至今。

（五）龙洞湾洞

从狮子山连接龙洞湾，有个洞穴，洞口高达十余米，洞旁边有个水塘，洞内有一口大水塘，水面碧波荡漾，岩下有一块平台，两侧石杆林立。相传有一向氏老母，看见一头大白水牛在自家稻田里吃谷子，为使自家谷子不受损失。老人从家中扛起木千担，冲进稻田里奋不顾身追赶白色水牛，白水牛逃命飞驰进了此洞，此后，再没有人见到过白水牛了。从古到今，只要天下大雨，此洞的水就会倒流出来。

（六）茶神庙

在龙洞湾有个大庙堡，以前修过一座茶神庙。伍昌臣因茶而享有盛名，常年与客商往来，为了生意兴隆，每次外出和归来要得到神灵的保佑。于是，在这个堡上修建庙宇，供奉菩萨香火不断。这大堡里面是空的，后被人们封住。据说周姓人家的周龙、周虎两兄弟在堡上找了三年，也未能找到被封住的洞口。山下地表震动能听到蟒蛇的声音，从天坑里能见到水柱冲天等奇怪景观。

龙洞湾地下有暗河，每逢天下大雨的时候，整个龙洞湾的水田涌气泡，发出响声。从万寨风洞坨至龙洞湾阴河数十里，传说蟒蛇很多，塞住此暗河。往年人们用硝自制炸药，从龙洞暗河向万寨方向找硝，手持灯笼火把，二十多人，从蟒背上行走，火把燃烧的火星掉落在蟒身上，被烧痛的蟒蛇一翻身，将十多人压在身下，只有几个挣扎脱险，由于丢失了火把，走了几天才从洞内摸出。

（七）神仙洞

伍家台岩蜂坨，蜜蜂在洞中筑巢，过去有很多人到洞中取蜂蜜，那蜂蜜能治哮喘病，深受民间钟爱，将这里喊为岩蜂坨。

在岩蜂坨半山上有一个洞，叫神仙洞。进洞有个大坪，很宽，里面有千丘田，各种形态的钟乳石悬空而挂，有牛洗澡的塘。传说在洞门外能听到犀牛洗澡的声音，随后进洞能看到洞中泥水四处飞溅的现场。传说洞内有神仙出没，缺饭吃的农户，只要在洞门外烧些香纸，禀告神仙借粮一担，来年秋收归还。离开后过一个时辰，农户就可以取回所借之物，神仙洞也因此得名。

（本文图片提供 / 吴明清）

板寮村

——老街古韵育文明

　　位于宣恩县高罗镇北部的板寮村，是百年前"巴盐古道"的一个驿站，具有深厚的文化底蕴。古民居群依山而建，一条青石街蜿蜒400米。昔日板寮人烟密集、商贾云集，是重要的交通要道，如今的板寮村享有"中国少数民族特色村寨"、全国"美丽乡村"的美誉。

　　板寮村距高罗集镇10千米，209国道穿境而过，北邻本镇火烧营村，东抵向家坪村，西接小茅坡村，南靠黄家河村，总面积19.93平方千米，耕地面积3464亩，森林面积23304亩。板寮河由北向南潺潺流过，物丰林茂，生态环境好，地势北高南低，形如一只由东向西飞翔的白鸽。

板寮村共辖14个村民小组，610户2414人，民族以苗族、土家族为主。主要姓氏有李、曾、舒、黄、朱、刘、苏、石（苗族）、陶、范、罗等，各个姓氏的祖先从高山地区、水患地区或战乱地区迁徙而来，在这一溜平川上定居并繁衍生息，汇聚成邻，一起走过两百余年的风风雨雨。他们勤劳、朴实，用双手创造并推动着板寮村的发展。

清澈的板寮河，宛若一条银丝带将板寮村环绕，后有二仙岩奇峰的拥抱，层层叠叠、郁郁葱葱的山脉，为板寮村增添了不被世俗所侵扰的宁静。境内北有东门关瀑布之壮观，南有李溪层石之秀丽，观音洞、笔架山、山脚猴栗树、鸡公船石林、挖断山、书页岩、印章石、葱郁白柚园等，如一颗颗绮丽的宝石散落在板寮村的各处。移步即换景，从飞流瀑布到小桥流水，从巍巍高山到奇峰异石，朝晖夕阳，气象万千。"三溪汇流绕寮过，一湾狭长小平原"准确地道出了古镇的地形特点。

板寮村的建筑分为老院与新宅。"老院"中最值得一睹其风采的便是长寿街，这里不仅是一条历史底蕴深厚的百年老街，也藏着村名的来源。"板寮"是土家语，"板"即木板，"寮"为小屋，板寮即木板小屋。在长寿街上，中间便是一条延伸了400米的青石路，两边是古朴秀美的吊脚楼。每家大门两侧贴有古朴的对联，门头上悬挂着诗文牌匾，有的人家的牌匾下还钉着十星级文明户牌子，印证了文明已从远古走到今朝。精巧的街道，罗列着学校、医院、商店。从街头走到街尾，仿佛穿越了百年的如梦时光。

新区谭家坝，40栋特色民居以"一体一格一线"的格局依河而立，河水清澈明亮，2座不同风格的桥梁联通两岸，绿树倒映水中，老院新宅，错落林立又自成秩序，绮丽的自然风光同古朴的人文景致交相辉映，构成了板寮村独具魅力的风采。

板寮谭家坝新区

板寮村古朴又清馨，近3000亩白柚园产业，让一方百姓酿造甜蜜的事业。村党支部、村委会以坪坝的白柚特色产业作为重点，在坡地种植核桃、油茶、药材，同时发展生猪养殖业，依托优良的山水资源，积极发展大鲵养殖业。要致富，先学技术，村党支部引技术、送技术，多次聘请技术员到村举办培训班，向村民传授农业实用技术，提高种植养殖技能，使村民增产增收。

夜晚，村里的广场有热闹的音乐，村民自发组织的文艺演出队在广场演出。次日晨起，延绵起伏的群山隐在淡淡的晨曦中，微氲的朝阳伏在山腰缓缓升起。远远望去，秀美的板寮似一幅层次分明的江南水乡秀美画卷，正徐徐向世人展开。

一、古朴的遗址和建筑

板寮村自同治二年（1863）始设集市后，为促进民间经济文化交流做出了重要贡献。市场流通货物交换、旅店的兴旺为板寮村带来了极好的发展期，为当地的繁荣奠定了良好的基础。

（一）古道

板寮曾是宣恩经来凤到湖南,百年"巴盐古道"的一个重要驿站。据史料记载,旧时在川盐济湘之前,湘唯有例食淮盐,或因战乱,或因水道阻塞,淮盐总是无法及时入湘。湘西遂有"担谷斤盐"之说。巴盐古道的开通,极大地缓解了湘西"担谷斤盐"的困难局面,古道自然也就成了湘西百姓的生命线。

（二）凉亭桥

板寮凉亭桥,是人民智慧的结晶,整座桥上建亭,形成"远看为亭,近看为桥"的视觉效果,且工艺讲究,特色独具,地域风格突出。上起东门关脚下的周家塆,下至谭家坝的溪流中,在2.5千米的古道上就有5座凉亭桥。凉亭桥可以遮阳挡雨,既让行人能安全过河,又可以在桥上歇脚。

凉亭桥多为乡民集资建造,也有个人捐资修建。以溪流的宽度确定桥墩个数,两墩之间先架起又长又牢的原木四到六根,上面横铺厚木板,再竖立四柱三骑的排扇固定为三、四、五间不等的小间。桥顶成"人"字形,钉椽匹盖土瓦,两头有翘角飞檐。桥正中面对上河装有一个神龛,供奉杨泗将军神像。传说杨泗将军是斩龙官,可保凉桥遇洪水而无恙。排扇下方两边有扯纤枋并装有竖着的木条以保人畜安全。内柱用厚木枋拉扯,又作行人坐凳之用。中间是行人和骡马牲畜的走道。

从板寮上街入口周家湾至东门关坡脚,一路就有凉亭桥三座。其中一座始建于清朝末年,民国13年（1924）失火烧毁,后来又有乡民自发捐资献料修成木板桥。民国21年（1932）由李、曾、张三名善首率众信士捐资集材重修凉桥。东门关坡脚第一座凉桥建于民国36年（1947）正月,由舒继周一人出资兴建,现今无存。谭家凉桥只有两座,桥侧建有一茅厕供行人方便,足见当时此地南来

谭家坝太白桥

北往之重要。

现今在谭家坝居民区，2012年新建两座凉亭桥（风雨桥），桥梁体为钢筋混凝土结构，取代了过去用圆木做桥梁、木板为桥面，桥架全木结构青瓦盖顶。其中一座名为太白桥，两岸草木繁盛，水流从桥下慢慢流过。走近桥中，用圆木架起的桥梁将桥体分为三间，散发着古色古香的气息，行人可在两边的木质长凳上歇息，缓解旅途的劳累，长凳还装有木条安全靠背。地面铺的是清凉的青石板。桥头挂有"太白桥"牌匾，有黑底金字的对联一副，整座桥庄重而不失自然意趣。下游一座桥名为"层石桥"，沥青路面可人车通行，桥体两侧设有护栏与木板长凳，供行人入座休息，桥两端悬挂木质手写体对联。

（三）石牌楼

谭家坝中部建有板寮石牌楼，因为石牌楼是板寮新区建筑群的重要组成部分，因此具有建筑群的建筑风格。

要了解牌楼的作用，需先了解牌楼的结构。牌楼由基础、石鼓、立柱、额枋、匾牌、檐楼、斗拱等构成。立柱是牌楼起支承作用的构件；匾额在牌楼龙门枋上部中间；檐楼是仿木建筑的斗拱和出檐；最为复杂的构件便是斗拱，斗拱是中国最具传统风格和及富装饰意义的建筑构件。构件的连接处由卯榫衔接，将这些构件合理组合。可以看出，牌楼是一种纪念和装饰性建筑。

这座四柱三门的牌楼，两柱之间是门洞，称作一间，中间称为明间，两侧称为次间，匾额题刻"板寮"二字。大额枋上刻隶书体"湖北省民族团结进步示范村农业厅帮扶村"字样，在明间两侧的立柱上刻隶体联一副"小桥流水人家家居新境风清气正；古镇板寮遗迹迹易故容业旺人和"，牌楼中门供车辆通行，侧门为行人过道，沥青路面，建筑整体风格敦实方正，具有中国建筑对称美的特征。

（四）长寿街

长寿街，顾名思义，板寮古街多有长寿的老者。街上居民从过去到现在平均年龄比周边村民的平均年龄要高出5岁以上。

上街头称衙门口，清朝末年曾设立过汛官衙门。清乾隆二年(1737)兴建，距今280多年，地址在板寮长寿街头。前面正南是八字形的朝门，两边是墙壁，墙壁上绘有野鹿衔花的图画。门内有几栋木质旧瓦房，呈倾斜状。踏进门里，首先是过道，两边有天井，天井两侧排列着厢房。南厢房是关押犯人的牢房，北厢房是衙役兵勇等人的住房。再进上面三间，中间为明朗宽阔的大堂，是大老爷审案办公的地方，两边是老爷、师爷们的住所。民国时期衙门撤销后，朱耀先生祖父珍山公在衙门内设馆教读私塾，后因房屋倾倒被拆。

长寿街，坐北朝南，依山而建，面水而立。上起哨炉子，下到雷打井；三溪聚会地，一路畅通点。一条长两百余米的古老街道，两排苍老的木房，在近去的岁月中，依旧伴着穿街而过的骡马古道。

板寮老街衙门口遗址

雕饰各色纹理的木窗，波纹似的屋檐，风雨反复洗刷的椿木或紫木房体，干栏式建筑悬空的走廊，字迹秀美的对联……不由让人浮想联翩。

（五）和惠楼

和惠楼是一座以娱乐功能为主的建筑，建于2014年6月。5层630平方米，砖木结构，杆栏式飞檐翘角，青瓦白墙，红柱红窗黄栏杆，红黄为主的配色显出"楼"的气派，白色的墙壁中和了暖色的艳丽，使整座小楼既温暖又清秀。一楼前柱上可以看到一对木质红底黄字的对联：峰峦凝秀天然生态扬神韵；楼阁增辉美好时光步锦程。大门两侧挂有白底黑字"高罗乡板寮老年活动中心""高罗乡板寮老年协会"两块竖牌。室内置有娱乐设备。楼前用石板铺砌的小广场，为村民茶余饭后休闲娱乐的活动场所。从广场左侧登六步台阶，两边都可以出入和惠楼。

走近

板寮和惠楼

（六）游步栈道楼亭

在谭家坝西南面的山岭中，于2015年建2040米长游步栈道，1698步台阶绕峰过岭，三处亭楼串为一线。在丛林中穿行，或缓坡直行，或陡坡扶梯直上。在一道梁上，醒目的第一亭——邀月亭耸立眼前，三层楼阁古朴典雅，从环形板梯登上二楼举目一望，谭家坝40栋特色民居和绿油油的白柚园尽收眼底。过邀月亭沿石级而上，可以体验原野的幽静和舒畅的空气。

游步栈道越过另一道山梁就是第二亭——歇步亭。到了第三亭——观景亭，远山近水，房舍屋宇，道路田园，宜人的景色把所有的疲劳驱散得无影无踪，尽享山野的乐趣。

（七）遗迹

太白祠与太白桥一样，与谪仙李白有剪不断的渊源。遗憾的是，现如今站在满目青翠的高坡下，只能凝视着太白祠的残址和片片瓦砾，无法一睹其昔日风采了。

有文献记载，遗址太白祠原建于玉柱峰，旧名轿顶山，轿顶山丛岩峭壁，一峰特耸，横亘歌罗寨中，洵拱秀一奇峰也。境内士民，筑石其上，纠工创造，额以谪仙芳躅。后毁于香烛之灾。民国期间进行重修，叫太白庙。太白庙两头有飞檐翘角，东南角挂有一口大钟。庙里的菩萨大小不等，大的如真人一样，菩萨是樟木树雕成的，有天王菩萨、雨王菩萨、观音、地藏、邓司爷、送子娘娘等。油漆彩绘，金光闪闪。每尊菩萨都有龛子和香案，平常日子主持早晚敬香。白天有香客来，随到随敬，钟声伴着鞭炮声，三五里内都能听见，香火很旺。1948年祠宇因火灾而毁，遗迹尚存。

（八）古街

古街亦称"老街"，有建置板寮铺，即旧时驿栈，有铺司二名。街头两家骡马店，四家客栈。民国27年（1938），板寮有商户30余户。

上街有贵家屋场的黄洪德骡马店，下街河边有苏流源骡马店，专供南来北往的马帮客商食宿。设有专供骡马歇息的马厩、草料、饮水设施以及马夫和客商有住宿的房间和饮食。生意十分兴隆，常因人满而小歇凉桥的情景。贺龙以赶马运盐为名开展革命活动，曾到此食宿。

二、民间藏品

在板寮老街，走进朱耀老人家中的收藏室，就等于进入一座民俗博物馆，这里摆放着数百件农耕生产、生活用具（品），包括犁耙斗笠、搭斗晒席、风车碓磨、薅挖镰、坛缸罐壶，多种油灯、多种烟袋、烟盒，各种笔墨砚，鞋帽等，这些看似再平常不过的藏品,却蕴含着即将消失的一段记忆。

朱老先生的藏品、种类齐全,而在谭家坝苗族一条街的一栋民俗别墅,则是另一种匠心独具的收藏。这座别墅以青石作墙,圆木作房梁与房檐,石与木的结合,恰是自然中永恒与生机的碰撞,石坚固,木优雅,形成了整座建筑庄严气派的风格。房前堆砌小花园,种植青翠绿草与树木,是建筑中一抹纯粹、不沾他物的亮色。细究工艺,可谓精美,雕梁画栋,飞檐翘角,柱、骑、枋、门、窗、檐,各具特色,让人不禁想要进入其中一探究竟。

进入这栋藏宝阁,立刻会被其浓厚的文化气息所包围。室内风格与室外保持整体上的一致,古典与明朗两相适宜,名贵的器具字画,同时具有观赏价值和收藏价值,墙面壁挂、桌、凳、椅、杯尽显古色古香,体现创建人杨东先生的匠心独具。

谭家坝杨东先生藏阁

三、乡风民俗

板寮古镇,积淀的乡风民俗十分浓烈,至今很多习俗都还保留着,历史悠远的乡风仍在古镇陋巷里沉淀着,在古镇人里传承着。

(一)过社

过社是民间很看重的节气,立春后逢第五个戊日便是春社,叫五戊逢社,是旧时皇帝祭天地的日子。过社一定要做社饭,做法是:多半糯米(浸泡)和少量籼米(潦成七分熟)拌以加工过的社蒿、地米菜、青菜梗、野葱、腊肉丁、腊肠、大蒜、油豆腐颗、食盐等,和在一起搅拌均匀,上甑蒸熟后就是香气扑鼻的社饭。过社这天,餐桌上少不了腊肉拌大蒜杆、放豆豉这道菜肴。乡间普遍流行接姑娘、亲朋到家过社,孝家三年不过社和孝家出嫁姑娘社前上坟挂青"拦社"的习俗。

(二)牛王节

农历四月初八,春耕再忙,这一天牛也要歇气,不下地干活,煮稻谷、黄豆和苞谷壳子喂牛。还有给牛喂鸡蛋、活泥鳅、灌酒长膘的习惯。牛喂得膘肥肉满,会得到别人的赞誉;喂得瘦,别人会挖苦"你的牛像风车架架";无垫圈草,牛身上裹屎别人会说"是包皮蛋"。有禁止杀牛的条令,中华人民共和国成立初有"耕牛是个宝,农民少不了"的顺口溜流传于世。老百姓对牛下崽特别重视,产崽期间母牛不干活,还要煮黄豆和秕谷喂它。此外,牛下崽后的牛衣包不能乱甩,要用旧撮箕装好挂在野外树杈上。

(三)栽秧酒

常言道:"栽秧的酒,打谷的饭。"早上过早,扯完秧吃早饭,栽歇秧过午,后吃中饭,放工(秧栽完)吃晚饭,一日五餐。过早、过午是甜酒汤圆、粑粑、豆皮、面条。一般忌讳豌豆泡炒米:吃炒米田里漂秧,秧子不粘泥浮在水面补栽不省事。

栽秧架反翼口（从左边开始）叫剥豌豆，是外行的表现。三顿酒饭是比较讲究的：栽秧插草吃炕腊的项圈肉。晚饭这顿酒可以喝个够，以解一天之劳顿，这叫"你图别人力，别人图你吃"。饭后还要给帮忙的人表示感谢。栽秧是一种农技活，是旧时男子汉特别是青年男子的一种能耐显示。

（四）浇蜡烛

浇蜡烛的过程有削竹签、滚烛心、上油、熔头等。削竹签就是将砍回的楠竹或荆竹按需要的不同锯成长短不一的截，剖开划成五根一连如筷子大小的竹坯，去掉黄篾划成一根根竹棍，再将削尖留把烘干备用。滚烛心，在竹签定长度处滚上灯草或四边形的草纸，滚灯草时左手持竹签，右手食指和中指夹住滚烛心，灯草由下到上就将竹签裹住，掐断灯草粘上棉花绒再绕一圈就成。四边草纸是按所浇蜡烛的长短来决定的，与竹签重合排齐的角就是蜡烛的长短，将草纸按滚灯草的方法滚动在纸角处粘上浆糊即成烛坯。浇蜡烛，在小锅内放进漆油和木梓油，执火上熔化，把锅退下放在装有冷水的盆上冷却，再把油舀在竹筒里，将滚有灯草的烛坯插进油筒内，慢慢提起，视油温边提边吹气，让油冷却在竹签上，经反复多次就成了蜡烛。最后一次可在油内加上红色，蜡烛包装就完成了。蜡烛有条子蜡、对子蜡（一对一对较粗的蜡烛，又叫大蜡烛）、磕头蜡（磕一个头起来就燃完了的蜡烛）。

四、乡贤达人

（一）机智人物——欧阳丙

清末的欧阳丙，家住板寮村欧家坳。个头不高，常穿一件破旧长衫，前撩后扎，不修边幅，说话风趣幽默，是一位阿凡提式的人物，他的故事民间流传很广。

相传清光绪年间，宣恩新任知县到任主政。旧时，凡新官上任都要摆一摆架势，不免要到县内各地巡游一番。于是人夫轿马，三班六防，旗锣鼓伞，浩浩荡荡从县衙出发，经过一天的跋涉劳顿，他们住宿板寮。

欧阳丙头戴瓜皮帽，身穿灰色长衫，脚踏一双破布鞋。听说县老爷来此，不免要去探个究竟。知县老爷已进房歇息，未见其人，欧阳丙一眼就看见店主门侧停放着一顶官轿，顿时计上心来，便叫衙役到："来呀！叫你们老爷到我这里来一下，我姓欧阳，照直传话。"衙役猛吃一惊，心想：好大的口气，敢叫老爷"来一下"。衙役进屋禀告老爷，"外面有一乡绅模样的人，叫您去一下，他姓欧阳。"老爷心想，我身为知县，堂堂父母官，他竟敢口出狂言，叫我去一下，来者不善，其中定有蹊跷，不知此人葫芦里卖的什么药。

知县大人饭后茶毕，略为思忖，直奔店房邻舍去见欧阳丙。老爷进门便问："您是欧阳先生？""本人正是。"欧阳丙一不让坐，二不奉烟敬茶，更不问安，劈头就问："你是知县？""本人正是。""你身为知县你是吃哪个的一碗饭？"县老爷回答："下官俸禄乃朝廷钱粮。""你既知吃的是朝廷的钱粮，为何要历代皇帝陪你巡游？好大的胆子，可知罪否？"欧阳丙先到来时见官轿轿顶四角悬挂着清代钱币（俗称眼眼钱），上面铸有康熙、乾隆、雍正、道光等字样，便抓住了把柄。知县猛吃一惊，说："小官知罪，请先生饶恕。"此事逼得县老爷理屈词穷，无地自容，灰溜溜地不好下台。县老爷想：好家伙，你来势不小。便急中生智，自解其围，说道："下官有错，这里有文银二两赠欧阳先生买酒买烟。"欧阳丙接过文银，摆出一副乡绅架势，一字一板地说道："你要为官清正，造福一方，不可贪赃枉法，此事就此了结。"

（二）板寮大善人舒继周

舒继周生于光绪三十年（1904），殁于1961年三月初三，享年57岁。一生行善积德，乐善好施，尊老爱幼，好周人急。

1940年，马尖山向家坪被国民党乱军放火烧了36家百姓房屋，受害人家衣食无着。舒继周知道后，派人叫来被烧人家户主，按每人四升（约16斤）糙米的数量发放救助,以渡难关,同时还给来人供一顿中饭。1947年,丁亥冬月十七日,板寮下街失火,十几户人家受灾,他送给大米四斗八升(约合300市斤)给灾民以解燃眉之急,被灾民称为舒大善人。

1947年,舒继周个人捐资修建凉桥一座,于同年岁次丁亥月十三日,凉桥落成完工。他常说,修桥补路,行善积德,与人方便,与己方便。要见河搭桥,切莫拆桥卖钱。此桥于20世纪80年代被毁。

五、美丽的景观

(一)李溪坪

板寮村李溪坪原名兴隆坪。传说李白流放夜郎途经兴隆坪,见此地水秀山清,溪中有石,层累若浮图,算得上景优心怡,于是谪居而息。为纪念李

李溪坪老房子

白到此谪居，后人便将兴隆坪改名为李溪坪。李溪坪的得名，有史为证。苏于洛《夜郎考》：施州古有问月台，台上太白亭。夫问日诗，太白所作也。台因诗而名也，亭因台而建也。亭在施，台在施，诗在施，即白在诗也。夜郎于施百余里，在施即在夜郎。则白之谪居，即此明矣。"李溪层石"为宣恩古"八景"之一。

（二）书页岩

板寮村3组有块巨石形似一本翻开的书页。传说板寮人自古勤奋读书，人才辈出。清朝末年，在交通闭塞、文化落后的大山深处板寮，考取两位秀才。

一位叫李光汉，字云阶，号卓章，家住谭家坝。清末附生，后就读于两湖书院。生于清同治十年（1871），殁于1937年，享年66岁。李光汉两湖师范毕业后，初在县城任宣恩第一小学校长，后任高罗第二小学校长。他身材略显肥胖，出门办事常骑一匹白马。他为东门关半山腰的"灵官庙"写有一联："灵佑四季财旺，官保一方平安。"还有一幅为土地庙题写："土能生万物，地可发千祥。"

另一位秀才叫苏泽霖，号富岩，人称新老爷，生于光绪十年（1884），殁于1951年，享年67岁。最初随出任江夏纸坊县知事的黄满和（椒园黄坪人），在县衙门当师爷。一任期满回家，以教私塾为主。后来在高罗乡公所做文秘，兼任高罗小学历史老师，直到去世。

两位板寮秀才，教书育人，服务乡里，他们为当时的宣恩教育做出了重要贡献，深得人们的爱戴。

（三）鸡公船石林

位于谭家坝以南209国道边的鸡公船石林规模较大，旅游资源丰富。该石林长约300米，宽约200米，极具开发价值。石林山顶原有问月亭，问月亭南为李溪坪，为山间水田平坝，李溪蜿蜒流过李溪坪，李溪水流清澈，水量较大，可用来漂流和溯溪旅游。

鸡公船石林

（本文图片提供/吴明清）

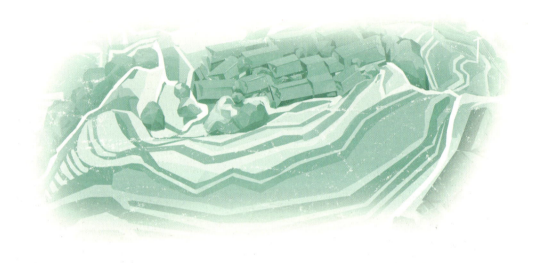

宝塔村

——巍巍宝塔屹珠山

珠山镇宝塔村因明珠山顶有一座七层宝塔而得名。登上塔顶，可环视珠山三十六峰，有直上云霄之感，故名凌云塔。1988年6月，宣恩县人民政府将凌云塔列为第一批县级文物保护单位。

宝塔村位于贡水河南岸，东与七里桥村接壤，北邻贡水河，南接卸甲坝村，西与岩堡村相邻，中部有珠山（宝塔山）相隔，将全村分为南北两部分。地质为紫砂岩和石灰岩地质结构，最高点望城坡海拔789米，最低点贡水河南岸海拔470米，平均海拔570米，属于传统的低山地形区。属中亚热带季风性湿润山地气候，四季分明，冬暖夏热，雨热同步，平均温度15.8℃。雨量充沛，植被葱绿，气候适宜居住，是冬季避寒的好地方。

凌云塔

宝塔村原属城关镇，1995年城关镇改为珠山镇，即为现在的珠山镇宝塔村，全村辖9个村民小组，491户1847人。宝塔村在元、明、清时期于贡水南岸建有兴隆街，兴隆街北头有渡口摆渡，成为南来北往的要津。一条古道沿宝塔山麓向南而去，南通湖南，北到四川，东到江西，西到重庆和贵州。此地客商云集，街市繁华，宝塔村兴隆街因此而声名远播。

宝塔村传统产业以种植水稻、玉米、豆类、薯类、茶叶为主，现已逐渐转为以茶叶为主体的生产经营模式。一、二、三、五、九组产业以务工、房屋出租、柑橘、蔬菜为主；三、六、七、八组以茶叶产业为主。目前有茶叶专业合作社两家，产业面积1200余亩。

宝塔村正在着力创建国家级生态村，打造乡村休闲旅游品牌。以生态村为工作重点，发展生态农业，打造人居新环境，最大限度地改变农村的环境面貌，实现绿色宜居，走生态休闲农业、生态环境建设与完善公共服务相结合的发展之路。

一、独具特色的景点

（一）凌云塔

凌云塔位于珠山镇宝塔村海拔752米的明珠山顶，雄踞宣恩县城贡水南岸，面北而立。塔体用纯青石垒砌，七层正六边形楼阁式构形，高21米，周长12.6米，占地面积76平方米，古朴雅致，别具风格。

凌云塔题字匾额

清同治四年（1865），知县张金澜筹建凌云塔，同治五年（1866）动工修建至二层。1870年，宝塔建成。

1989年初，凌云塔遭雷击，塔身出现多处裂缝，随时都有倒塌的危险，县委书记郭大孝、县长朱光美向县直单位及社会各界人士募捐4万余元，对凌云塔进行维修。

2017年12月，宣恩县人民政府再次修缮凌云塔，并修建了从山脚到山顶的千福梯石级步道、休憩亭阁、观景平台、传统民俗推合渣、爆米花等景点。

凌云塔塔基呈六角形，每个角座都有一条青龙拱塔，龙头在下，尾部向上露于塔外，浮雕细腻。塔体第一层高2.8米，有一石门，朝北开，可二人并入，门楣雕有二龙戏珠图案，门槛刻有花木鸟兽。塔内空9平方米，上面拱有多边穹窿形石楼顶；宽0.3米的石级由塔内盘旋至塔顶。第二层塔楼高2.5米，塔檐下刻有"凌云塔"横匾。每层均有仿木构亭阁式檐翼，檐脊雕一座虎，意欲腾跃，栩栩如生。再往上去，每层内空越来越小，均有楼、窗、檐翼。塔顶为瓦式阁形建筑，上面还有石质连珠叠尖。全塔不用一砖一木，纯为青石垒砌，结构严谨，古朴典雅，是宣恩人民智慧的结晶。

（二）凌云塔记事碑

1982年翻修县政府办公楼，在墙内发现了"凌云塔记事碑"。碑上文字用狂草书法书写，经辨认，为修建凌云塔记事碑。内容为：

> 同治四年，始建凌云塔。甫二层，付生罗经国纠众拦夺，塔建二层停工。湖南桃源向光谦，莅任宣恩知县，实心惠民。目睹前令张公所遗未竟之塔，已成废墟，十分痛惜。正当一筹莫展之际，豪绅薛朝俊，于同治九年四月二日，在县城东门驰马，马惊，将土民关正举踩伤致死。薛惧惊，愿"赎众愿"贿银千缗，以乞庇护。向正色相拒，责续修凌云塔五层。薛遵其命，于五月动工，七月塔成，恰与保民山的吕寺晚钟隔水相望。塔费银八百二十缗，所余，如数归薛。同治九年，向光谦。

（三）芋头沟土司墓

芋头沟土司墓于1975年被发现。4月的一天，宝塔村四组村民李世念在他自家屋角的菜园地里挖土，挖出一块长方形红沙条石，条石整齐规则，有石工打凿的痕迹。他把这块石头挖起来后,发现下面还有红沙条石。他继续挖,结果挖出来的是一个大石棺。

石棺为长方形,前面是墓道,宽3.6米,长4米,高1.8米。墓道后面是双室墓,左右两室各宽1.8米,长2.4米,高1.8米。左室前方有一扇半开的石窗,刻有一朵盛开的莲花。经对墓葬进行清理,在里面的双室中清理出一个银碗和一块石碑(墓志铭)。碑文的意思是禀告土地山神,这里的山水、奴婢、牛羊属覃兴亮享用,其他游魂野鬼不得侵扰。还出土一根石柱,上面镌刻"龙虎山中风不动",这根石柱是在墓前沟里发现的,很明显这是墓前的对联,还有一根石柱联已经找不到了。通过墓志铭弄清了墓主人的身份,他就是施南十一世土司覃兴亮。这也是宣恩县首次发现的保存完好的土司石棺墓。除石碑和碑文外,这次发现的文物金银器,现藏于恩施州博物馆。

(四)纪兰英墓

纪兰英的墓位于宝塔村一组的沙田,也叫张家湾。其墓址在村民张仲举屋南头菜园边,原墓址在精制茶厂的地盘上,即现在王官兴的房屋下面。

传说宝塔村的马家坪原无人居住。唐朝薛刚反唐后,为躲避满门抄斩,薛刚夫人纪鸾英带着儿子薛蛟、薛葵逃到宣恩马家坪居住。纪鸾英改为纪兰英,他们在此安居乐业。他们住的地方叫黑龙村。每天到房前靠芋头沟这边的大水井挑水吃,由于他们的住地修得像城堡,人们也称他们住的地方叫纪兰城。纪兰英带着薛蛟、薛葵每天练习骑马射箭,练习十八般武艺,因此,人们称山顶的平地叫马箭坪,后来误为马家坪。纪兰英去世后,葬在张家湾的小山堡上。

据村民吴必进回忆,他曾见过纪兰英的墓,墓碑是用红砂岩打造,高约80厘米,还记得墓碑上的"兰"字是兰草的"兰"。而桐子坳东边的宗保山上有一座庙,村里至今还流传着薛蛟、薛葵扯垮庙的故事,就发生在村里的宗保山上。

据宝塔村一组85岁退休老师张仲举介绍,他们家族搬来比较早,过去这里叫沙田。后因张姓人居住的多,就叫张家湾。从小就听祖辈们讲述过纪兰英的

张家湾纪兰英墓址

故事,知道纪兰英是英雄。而纪兰英的墓就在他家后面园子南边,墓比一般人的墓要大得多。用红砂岩打造的墓碑,碑上有文字,墓前用红砂岩铺有祭拜台。现墓已毁,墓碑无存。

(五)贡水大桥

贡水大桥始建于1959年,原为礅台木质桥面,只能承载15吨重的卡车。1972年,贡水大桥改建为五孔联拱石桥,桥墩、桥拱全部为青石打造,每块石头重数千斤,全部经过数百位优秀石匠一锤一钻打造出来。桥全长130.4米,桥面宽10米,车道7米,人行道2米×1.5米,桥体高10.7米,最大跨度为19.8米,可通行100吨载重卡车。5个大拱的肩上都有2个小拱,以利洪水到来时水可从小拱通过,减轻洪水对桥的压力,同时使桥更坚固美观。桥面为水泥柏油结构,人行道两边原为麻条石镶嵌,两旁为水泥造型的穿花栏杆,车道两旁各并立5根华灯。

贡水大桥

贡水大桥建成通车以来，桥体承载性能强，没有变形，没有走样。1980年的洪水曾淹没大桥，桥体经受住了惊涛骇浪的冲击。如今，贡水大桥仍是宣恩县车流量最大的桥梁。随着宣恩县域经济社会的迅速发展，车流量不断增加，该桥已不能适应经济快速发展的需要，宣恩县人民政府决定，在保留原贡水大桥的基础上，按原样加宽。2012年11月25日，贡水大桥扩建正式动工。2013年工程竣工，总投资600多万元，贡水大桥实现了双向四车道通行。

（六）兴隆老街

兴隆老街在宝塔村一组，地处贡水河畔原渡口南侧。据同治二年(1863)版《宣恩县志》记载，兴隆街因生意兴隆，街市繁华，故取名兴隆街。有商铺、客栈、作坊等。兴隆老街至今还保留有一段鹅卵石铺砌的街道。街道长约50米、宽约2米，选取长椭圆形卵石，沿街道呈横人字形排列。经过数百年的踩踏、摩擦，卵石表面凸起部分已被磨平，表面光滑。站在街道南北两边，人字形卵石层层叠叠，清晰可见。无论横看竖看，都十分美观，具有一定的艺术性。

兴隆老街是宣恩人数百年的记忆，曾是城市的繁华之地。随着时代变迁，老街已老，正在改造升级。2019年建成的墨达楼是兴隆老街标志性建筑之一。"墨"在土家语中是"天"的意思。墨达楼取材于《宣恩县志》记载的墨达山。墨达楼意为直插云天的楼。墨达楼整体建筑以土家特色吊脚楼为主，配有凌波桥、广场及消防通道、民俗街区建筑等，是集商业、旅游、文化为一体的"最浪漫的土家风情街"。

（七）施南宣府

施南宣府位于宝塔山北麓，县行政办公大楼南面。施南宣府将建成的1至18代施南土司雕像及浮雕集群，土司夫人（受封金凤冠的诰命夫人）雕像及浮雕集群，一一呈现。同时，它还呈现施南土司各类王府生活的雕塑小品、施南土司王宫殿，施南土司茶文化演艺厅，施南土司婚俗文化景观带，虎钮錞于演奏台，施南土司练兵场，施南土司文化风情商业步行街，施南土司广场、诰命夫人广场，许愿池、姻缘桥、结缘墙、施南土司王府牌楼等。

施南宣府是施南土司历史文化最具代表性的旅游景点，是宣恩4A级旅游景

施南宣府一角

区的核心景点之一。

（八）五把车

五把车位于宝塔村九组，原指贡水河南岸上下800米范围的水稻田。五把车，意即五部水转筒车。该地因使用五把（部）水转筒车灌溉稻田而得名。相传从清初开始，当地村民为了灌溉稻田，就在贡水河使用水转筒车提水灌田。

水转筒车亦称"筒车"，是一种以水流作动力，取水灌田的工具。据史料记载，筒车发明于隋而盛于唐，距今已有1000多年的历史。筒车架设在水流湍急的岸边河流中，是利用水力转动的。轮周斜装若干竹或木制小筒，有达四十二管者。利用水流推动主轮，轮周小筒次序入水，装满了水带到高处，筒口向下，接以木槽，水即自筒中倾泻入轮旁的水槽而汇流入田。如此往复，循环提水。五把车的筒车是利用水力运转的原理，让竹筒取水，流水自转导灌入田，不用人力。

五把车这种靠水力自动的古老筒车，从清初开始使用，一直沿用到20世纪50年代，后因此地作县城建设用地才停止使用。在宣恩贡水河两岸郁郁葱葱的山间，筒车提水构成了一幅远古的田园春色图。它们在喷珠溅玉、浇灌农田的同时，也成了人们旅游观光的靓丽风景。

水转筒车

现在仍能在贡水河南岸龙门大桥处见到筒车，筒车利用水能旋转提水，高达 10 多米，筒中水在水车旋转中倒入笕中，水从笕中流到岸边，虽不灌溉，亦可推动小型水车，带动石磨。这就是古人利用水车提水的基本原理，现代只是用于观赏而已。

（九）贡水河公园

贡水河国家湿地公园栈道位于宝塔村九组，地处贡水河南北两岸，东与龙门大桥相连，西与龙洞电站大坝相接，北临贡水河，在南北两岸修建了从龙门大桥到龙洞水库大坝的 2400 米的人行栈道。栈道采用石材、防腐木铺地、配置绿化、路灯和音乐音箱，还建有观景平台、风雨桥、半月形长亭，李家院子吊脚楼等。

龙洞大坝泄洪时银瀑飞溅，雾霭冲天，十分壮观。方圆 200 米内细雨蒙蒙，李家院子、半月亭、风雨桥都笼罩在云雾之中，若隐若现，更添几分神秘感。若遇天气晴朗，则碧水深潭，水平如镜，大坝、落霞倒映其中，岸边有三两垂钓者，怡然自得。

龙洞水库大坝

二、民间传说

（一）纪兰英的故事

相传大唐高宗永徽年间，唐朝名将薛仁贵的孙子薛刚在长安闹花灯闯下大祸之后，逃至南徐州卧龙山，被纪氏兄弟擒上山去，与南徐州卧龙山纪家之女纪兰英结为夫妻。纪兰英（原名纪鸾英），人称九环公主，通晓武艺，深明大义，后历经劫难，最终助薛刚完成灭武兴唐大业。

薛刚与纪兰英在卧龙山不到一年，被朝廷得知，武则天命武三思统领十万大军把卧龙山围得水泄不通。

薛刚与兰英在山顶上往下一看，只见将勇兵壮，刀山剑海，好生厉害。纪兰英道："官人，你我虽不惧怕，但四百喽啰，怎能与十万雄兵迎敌？"薛刚道："你且守住山寨，待我单刀匹马杀下山去，先杀他一个下马威。"说罢，顶盔贯甲，挥了丈八矛，飞身上马，开了木城，冲下山来。

武三思见薛刚匹马下山，忙令三军奋力齐上，把一个薛刚团团围住。另分兵一部杀上山来。那四百喽啰，早已惧怕，一齐崩溃。纪兰英大叫一声，奔入后寨，解开盔甲，将薛蛟袄抱怀中，把衣甲包好，提刀上马，杀下山来，横冲直撞，踏入千军万马之中，找寻薛刚。但人多得很，哪里去寻？

看天色将晚，纪兰英杀出重围，一路行走七十里，不见后面追赶，喘息稍定。看怀中薛蛟，且喜无事，但身怀六甲，战了一日，不觉腹内作疼，只得缓辔而行。不上十里，腹内如同刀割，胞水淋漓，想是快要生产，看四下又无人家，一片荒山野地。不远处有一棵葵花树，无奈何，只得下马，将马拴在树上，怀中解下薛蛟，将甲卸下，倚着葵花树身，席地而坐，声声叫苦，连疼几阵，立时生下一子。且喜兰英乃是有力之人，住了一会，精神稍定。把小儿看时，是一个男孩，心中大喜，但见面孔皮肉，竟与薛刚无二。兰英扯了半领战袍，抹干了小儿身上之血，用战袍包了。因在葵花树下生的，便取名薛葵。

当下兰英产下薛葵，坐了一会，思想夫妻离散，如今往何处去安身？左思右想,忽然想起母舅丁守一,现在湖广房州黑龙村丁家庄居住,只好前去相投,权且住下,打听丈夫的下落,再作计议。主意已定,遂把薛葵放在怀中包好,抱了薛蛟,解缰上马,直往湖广投丁守一去了。来到房州黑龙村,因朝廷追查得紧,纪兰英只得带着薛蛟、薛葵向西南逃到现湖北宣恩城南的宝塔村马箭坪,修筑城堡,取名黑龙村,当地老百姓称纪兰城。纪兰英在纪兰城里,抚育薛蛟和薛葵长大成人,并在马箭坪习练骑射等武艺。不觉一晃十多年过去了。这年,薛蛟长成十五岁,生得面如敷粉,唇若涂朱,力能举鼎。这薛葵长成十三岁,生得面如锅底,肉如黑漆,与薛刚一般模样,力举万钧,声似巨雷。有一天,薛蛟、薛葵听说村长要去桐子坳的宗保山祭祀四神庙的神道,他俩就悄悄来到山上,想看个究竟。傍晚时分,他俩悄悄来到宗保山,见山上有一座庙,飞檐翘角,气魄雄伟。这庙的大门横一门槛,却是铁门槛。薛蛟在前,薛葵在后,二人只顾抬头望着大雄宝殿菩萨行走,不想被脚下铁门槛绊了一跤,薛蛟被摔了一个嘴啃地,连忙爬起来。薛葵在门外气极,暗运神力飞起一脚,把铁门槛踢得弯向大门里面,薛蛟在门里,也运起神功,朝外飞起一脚,把铁门槛踢成两段。两兄弟还不解恨,还把神像推倒,又把庙柱抱起,二人往两边一拉,只听"咔嚓"一声响,庙宇立时倒地。薛葵笑道:"昨是四神祠,今为扯垮庙。我们回去罢。"

纪兰英清早起来,不见他弟兄两个,正在着急,来问邻居,都说不知。忽见他弟兄两个走进门来,兰英亦大喜。众人闻说弟兄二人扯垮了宗保山的庙宇,也没有责怪,都觉得兄弟二人是天生神力,前程不可限量,应当终日演习武艺,早日为国所用。

后来,纪兰英携薛蛟、薛葵回到长安,扶助庐陵王即位,辅佐太子李旦登基。之后,纪兰英又回到宝塔村纪兰城,终老一生,葬于纪兰城西南的张家湾沙田山岗上。

(二)雷击宝塔的传说

清朝时,有一年夏天,一只三尺长的飞天蜈蚣,突然飞到凌云塔顶上。这时风云突变,乌云翻滚,雷声隆隆。只见火光一闪,好像火着地一般,"咔嚓——轰隆——"几声巨响,惊天动地,房屋发抖,屋上的瓦也纷纷掉下。人们纷纷躲进屋里,关闭门窗,小孩也被吓得哭起来了。老人们安慰说:"大家不要惊慌,这是雷公在打一怪物!"胆子大的便跑出屋外观看。

忽然,人们发现宝塔尖上青烟升起,果真是雷公在打一怪物。那条飞天蜈蚣,已经在村里出现多时了。它藏在宝塔里,曾经多次惊吓过放牛的孩子,有时还惊吓砍柴的成人。人们早想除掉这只害人精,却没有什么办法。突然人们看见飞天蜈蚣从宝塔尖上升起,向北飞去。飞到贡水河北岸木梓塘坎上的魁星阁顶,即现在的高架桥与建设路的交叉处。雷追到魁星阁,一雷轰去,九层的魁星阁被击倒,楼顶的石板飞到对岸,魁星阁倒向河对岸。这只受伤的飞天蜈蚣又腾空飞起,摇摇晃晃地慢慢飞到擂鼓台的丛林里后,就不见了。

自此以后,就再没有出现飞天蜈蚣吓人的事了。但宝塔尖却被雷削掉了。

三、家族与人物

李姓为宝塔村人数最多的家族。康熙雍正年间,从湖南迁到宣恩时有三弟兄,老大叫李周,老二叫李梦,老幺叫李实。李姓始迁祖之第二代李文章墓碑文记载,李姓"籍系湖南辰州府泸溪县洪水溪生长人氏"。李文章出生于清乾隆二十八年(1763)。"生于施南府宣恩县小地名官地坡施南里三甲,大限殁于咸丰元年(1851)岁在辛亥七月二十一日申时阳年八十八岁告终。"立碑时间是"同治四年(1865)岁次乙丑春月清明立"。李姓先居住在珠山镇官地坡,后因贡水河淹再迁到马家坪和七里桥,到现在已繁衍14代人了。

宝塔村第二大姓为吴姓,另有陈、杨、龙、曾、张姓等。

宝塔村还是长寿之村,老人多长寿。101岁女寿星陈己妹就是其中的代表。1918年4月20日,陈己妹出生在宣恩县珠山镇宝塔村的一个农民家庭。家庭人口多,生活极为困难。小小年纪的她,需要上山砍柴、打猪草、放牛、做杂事等。19岁时与同组的吴宗春结婚,生有四子二女,现在五世同堂,全家共有80多人。

宝塔村除101岁的老人陈己妹外，目前还健在的80岁以上老人有35人，90岁以上的有3人，可以说是名副其实的长寿村。

宝塔村的代表性乡贤达人、能工巧匠、名医名师、道德模范如下。

李维魁，跟着贺龙当过红军，后回家在椿木营开荒种地，最后在沙道沟镇白水河村安家，退休后被县民政局接进县光荣院养老，已去世。

著名石匠曾广才，擅长打碑、打礅磴，曾参与县电影院打阶檐岩。修建贡水大桥时，他带领曹广钊、曹德全、曹兴安、吴必禄等参加修建贡水大桥的青石打造工作，是县内有名的石匠。

"出彩宣恩人"刘登宝是宝塔村党员致富带头人。一开始是靠种田为生，家里一贫如洗。后学习技术办猪场。由养几头猪到现在的每年出栏200多头猪，小洋房也建好了，家庭也富裕了，还为村民就业提供了岗位。

"出彩家庭"陈安柱，秉持家风，孝悌忠信，上要孝敬85岁的奶奶、照顾病重偏瘫的母亲，下要抚养正在读小学的儿子，全家的重担压在陈安柱和妻子邓琴的身上。他们通过养殖生猪脱贫致富，成为宣恩弘扬孝老爱亲的传统美德、勤劳致富的典范。

四、自然景观

（一）珠山晓翠

珠山晓翠，是宣恩八景之一。珠山即明珠山，如珠联一串，故名。珠山位于宝塔村中部，呈西南、东北走向，西抵椒园镇的湾塘，绵延起伏，长约8千米，宽1.5千米，面积约12平方千米，平均海拔700米。其东、南、西三面为沟溪切割，山势起伏，形似青龙腾跃。登上山顶，举目四顾，三十六峰平列左右；俯瞰县城，楼房鳞次栉比，相互辉映。山峦多呈椭圆状，春夏之交，苍翠四合，郡志有"群山环峙，亘绕前后"之语。树木苍翠，花木繁茂。有杉、松、柏等高大树木，加之野生的杜鹃，各种群生藤蔓，在曙光晨露中，泛出五光十色，犹如明珠闪烁。同治版《宣恩县志》曾有"晴霁望珠山，苍苍林表曙，积翠瀹人家，天风扫不去"的诗句赞美此山。山顶建有凌云塔，清朝宣恩知县张金澜有诗赞曰："珠山晓翠趁新晴，面我轩窗分外明。灵秀独钟应管领，群峰环拱不知名。"清张金圻也吟道："珠山面我列如屏，空翠飞来扑牖楹。三十六峰环左右，终朝相对佛头青。"

（二）贡水文澜

贡水文澜，是宣恩八景之一。同治版《宣恩县志》记载："水自治西七里龙洞中涌出，汩汩其来，四时不竭。其水清且涟漪，绕邑城而东注，至忠建河，长沙河，与清江合流。"清朝宣恩诗人蔡景星有诗咏之："贡水有源头，脉络自分析。光澈涌文澜，胸怀供洗涤。"清朝宣恩知县张金澜也赞道："半湾贡水碧盈盈，涤尽尘襟空宦情。倘把廉泉移一勺，可能依旧出山清。"清张金圻也有诗吟道："水绕西南曲折过，清流泄出两山阿。人言灵秀钟于此，勿谓涓涓一勺多。"

（三）宝塔山森林公园

宝塔山森林公园，是"仙山贡水"旅游文化品牌，紧邻县城核心区，占地1200余亩，其中森林面积1150亩、森林覆盖率达95.8%，分为生态文明建设示范区、民俗特色风情展示区、生态旅游休闲区、生态林业展示区；有千福梯、明珠夕照、松涛幽谷、时光菜园、倚望楼、根雕盆景园、迷你运动场、民族风情寨等60多个景点。千福梯长约950米、宽3米，石梯1388级。石梯旁建有半月形休憩长亭、重檐六角攒尖顶式楼阁供游人休息，另建有半山观景平台和推豆腐、爆米花等民俗雕塑，栽植不同品种、不同季节的花卉，供游人欣赏。公园以森林景观为主体，结合宝塔古迹及宣恩土司史，以休闲娱乐、生态游憩为主要功能，充分利用现有资源，并适当配以文化、教育、观光功能，是一个集生态休闲和文化教育于一体的森林公园，是宣恩人休闲、娱乐、健身的重要场所。

（本文图片提供／张建平）

杨柳坨村

——高山沃土风物异

杨柳坨村位于椿木营乡西南部,距椿木营乡人民政府驻地约7.2千米,面积10.83平方千米。东接勾腰坝村,西邻长潭河侗族乡的两溪河村,南连锣鼓圈村,北靠七姊妹山。村名杨柳坨是以境内地形和植物而得名。杨柳坨村辖窝坨寨、漆树坝、土地垭、晒坪、河东台上5个村民小组,145户362人,为散聚型村落。以袁姓、杨姓、何姓和李姓等为主要姓氏,多为土家族、侗族和白族。

杨柳坨村主要种植玉米、烟叶、药材、蔬菜和马铃薯，经济来源主要依靠种植业和养殖业。

一、历史渊源

杨柳坨村土地肥沃，这里地处高山，气候寒冷，史称"巴蛮"和"酉溪蛮"。秦灭巴后，巴人流入五溪，他们以古渭溪（今中间河）作为通道，穿越高山河谷，在无人居住的七姊妹山中寻找适合人类居住的场所。之后，在酉水源头扎根，开荒种地，繁衍生息。后来又有其他民族移居此地，在历史长河中，经过民族大融合，他们逐渐演变成这里的土著民族。土著先民在平坦的高地垦荒种地，播撒豆类、荞麦，用勤劳换来丰收的喜悦。秋天，在阳光照射下，平坦的坝子一片金黄，因而得名"晒坪"。

杨柳坨村在元代始置土司，朝廷封其地为上爱茶长官司，属东乡安抚司管辖。首任长官使向思送，是酉水源头的峒主。清初废除上爱茶长官司，其地一部分划入容美土司，一部分仍属东乡土司管辖；乾隆元年（1736）始设宣恩县，属东乡里；1940年，属长潭乡第六保一甲；1949年为白果坪村，属狮长区；1953年为国营晒坪农场，属第八区；1984年成立杨柳坨村村民委员会，属椿木营区后坝乡；1996年属椿木营乡至今。

二、"不共戴天"碑

在椿木营晒坪，有一块长方形大石碑，正面书写"不共戴天"四个大字，字体为正楷，苍劲有力，落款是"劬丁，（民国）二十八年（1939）春"。侧面刻写"劬园，民国甲申年冬至前，居正题"，背面刻写"劬园者，严立三先生之名也，故自称劬丁，'不共戴天'四字，曾摩於（于）三游洞之崖，兹再刻于先生之手创晒坪垦区，臣兴晒坪，永垂不朽"，落款是"四三年十二月冬日施方白"。

1938年，武汉沦陷，湖北省政府迁到宜昌，时任湖北省代理主席兼民政厅厅长的严立三，对日本侵略者占领中国大片河山义愤填膺。在宜昌三游洞的石壁上，写下"不共戴天"四个大字，表示抗战到底的决心。

1940年7月，严立三辞去代理省政府主席职务，带着保安二团到恩施改编，组建垦殖先锋队，准备到宣恩县椿木营晒坪开荒。

1944年4月30日，严立三病逝于恩施。严先生逝世后，垦荒团怀念这位抗日志士，第四任主任施方白为发扬立三先生的爱国主义精神，仿宜昌三游洞摩崖石刻，在沙坪找好石料，打了一块"不共戴天"碑，由8个人轮流抬着，走了几十里，将石碑立在晒坪。

"不共戴天"碑（陈绍义 摄）

这块石碑，有国民党三个重要人物的手迹：正面四个大字和落款是严立三先生所书；"劭园"和落款的小楷是国民政府考试院院长居正的手迹；简介由垦荒团主任施方白书写。三幅书法，三种风格，或大气潇洒，或流利秀美，或工整严谨。石碑集多人书法于一体，实属罕见。

三、晒坪农场

严立三先生走了，垦殖队员大部分也走了，没有去处的人留了下来，其中有刘光元、张宗明、覃顺坤、宋学凡、刘朝荣、李成山等30多人，他们都在当地安了家，扎了根。

晒坪这块沃土不能荒废，垦荒团走后，周围的农民先后迁来70多人到这里居住。中华人民共和国成立后，宣恩县政府又动员各区农民，到晒坪开荒。这里是严立三筹建的垦殖区，还有当时留下的 30 多名垦殖队员，国家为保护这一历史遗产，1953 年由湖北省直接拨款在晒坪办起了国营农场。共两个大队，有职工 400 余人，第一任场长为王兴九。1956 年改为恩施地区晒坪国营畜牧场。新建了马社、羊社、猪社、牛社和生猪试验总社。朱光荣、杨秀均等先后任场长、尹立贤任会计，全场职工共有 3000 多人。

1958 年，晒坪国营畜牧场又改为林药场，黄昌祥任书记，李燕林、杨天培先后任场长。全场分成 6 个连，种植药材，主要品种有黄莲、党参、贝母、白三七、大黄、独活、七叶一枝花等。

1965 年国营林药场改为集体所有制，6 个连改成 6 个生产队，但场里职工仍吃商品粮，直到 1972 年才停止商品粮供应，全部靠自己生产粮食自给。

改革开放后，大队改为村组，高寒地区搞科学种田，栽培玉米、黄豆，用地膜育苗，昔日广种薄收，而今粮食高产。晒坪除了种玉米外，还种反季节蔬菜、药材。高山农民钱袋子鼓起来了，日子越过越好，他们感恩党和政府，也感恩晒坪这块沃土。

四、"红色"沃土

1930 年 2 月 13 日，中共鹤峰中心县委派特派员杨英和红四军党代表龙在前到宣恩椿木营头棚召开积极分子秘密会议，研究筹建白岩溪农民协会。4 月 19 日，由杨英、龙在前主持，在白岩溪召开群众大会，选举陶东祥、覃海清、杨清轩、汤文采等为农协会领导成员，白岩溪农民协会正式成立，陶东祥任农民协会主席，杨清轩任书记。白岩溪农民协会下辖 6 个农协大队：白岩溪、头棚、莲花台为 1 大队；椿木营、白果坪为 2 大队；粟谷、杉坨为 3 大队；后坝、铜钱坝为 4 大队；唢呐溪为 5 大队（包括杨柳坨、晒坪）；挖断山为 6 大队。

为了巩固和扩大新的苏区，1930 年 5 月 28 日，中共鹤峰中心县委特派员杨英，在白岩溪主持召开农协干部会议，宣布成立恩（施）宣（恩）鹤（峰）三县联合

边防司令部旧址（陈绍义 摄）

边防司令部，杨清轩任边防司令，下辖3个团，覃海清任第二团团长，领导农协会6个农协大队。边防司令部成立后，多次与反动团防作战。1930年6月下旬，杨清轩主持召开司令部会议，决定攻打长潭河反动团防唐协臣，由吴卓然、覃海清、田秀武三个团各带1000余人，合击长潭河，几千人手持大刀、长矛，发出惊天动地的喊杀声，向唐协臣部发起冲锋，唐协臣部大败。

1930年8月中旬，宣恩县长李培南率领保安团从前河、后河，经晒坪、马家湾进犯白岩溪，覃海清、熊信柱等9人惨遭杀害。8月下旬，李培南率反动团防再次侵犯苏区，边防司令杨清轩带领游击队100余人，配合独立团贺炳南部击溃李培南，红军游击队从白岩溪，一直追到晒坪，打死多名团兵，李培南带领残兵败将，从晒坪土地垭狼狈逃向山羊溪，在红军和游击队的追击下，多名团兵被摔死摔伤。

在湘鄂边时期，游击队战士和反动派的战斗中，鲜血洒在晒坪，把这块沃土染红，生活在这里的儿女，没有被反动派吓倒，继续奔赴战斗前线。其中就有杨柳坨村的杨胖子，曾任游击队长，参加红军后在巴东石板里战斗中牺牲。还有沈绪兰，曾任游击队班长，1930年7月在白岩溪被反动团防杀害。

五、民间传说

杨柳坨紧靠七姊妹山，这里流传着这样一个故事。传说，玉皇大帝的七个女儿思念凡间，就悄悄邀约来到人间，住在人头山上。有一天，她们做饭的烟刚刚飘到半空，从山那边也飘来一股烟，两股烟互相绕着，不一会就汇聚在一起。她们感到稀奇，就跑到山那边去看，山那边的烟是从一个洞中飘出来的。她们敲开洞门，里面走出五个壮壮实实的小伙子。七姊妹羞得满脸绯红，转身回来。

七姊妹从生下地，还没见过长得这么标致、壮实的小伙子。回来后，一看到两股烟在天上合在一起，就想到山那边的几个年轻人。原来，那五个年轻人是天上的金神、木神、水神、火神、土神变的。他们也是不愿在天宫过日子，才来到人间的。自从看到这七姊妹后，也不能忘怀，都想和她们会面。这件事被云游这里的喜鹊仙姐知道后，就准备为他们牵个线。

喜鹊仙姐到两边一说，两边都欢喜。为难的是，这边只有五个小伙子，那边却有七姊妹，该哪两姊妹无缘呢？于是喜鹊仙姐就想了个办法。到了约定的日子，就叫五个小伙子用布蒙上眼睛去摸，摸到哪个就和哪个成亲。结果，大姐和二姐没有着落。她俩看到那五对新人亲亲热热，心里不好受，一气之下，就跑上天宫去玉皇大帝面前告状。玉皇大帝很生气，忙派天兵天将把那五姊妹捉上了天，关进天牢里。玉帝容不得这样的丑事，就派人把那五个小伙子变成了五根石柱子立在岩门边，又把这五姊妹弄到饭甑山对面，变成五座山峰。回头又大骂大姑娘、二姑娘，把她俩变成两座小山立在这五姊妹的旁边。

此后，人们就把那五根石柱子叫作"五子岩"，把那七座山峰叫作"七姊妹山"。

六、民间音乐

（一）时政歌

宣恩县是民歌的海洋，椿木营是"无处不是歌"的山歌之乡，长期以来，各类民歌民谣在椿木营各村各寨传唱不衰。以下为一首时政歌，窥斑见豹，以飨读者。

跟着贺龙闹革命

穷人穷得好伤心，无衣无食泪淋淋。
要想找条出头路，跟着贺龙闹革命。

要吃辣子不怕辣，要当红军不怕杀。
刀子搁在颈项上，脑壳掉了也不怕。

鄂西来了贺龙军，领导穷人闹革命。
穷人跟着共产党，黑夜有了北斗星。

太阳出来满天红，扛起梭标跟贺龙。
贺龙跟着共产党，共产党有个毛泽东。

吃菜要吃白菜心，当兵就要当红军。
红军跟着共产党，共产党一心为人民。

盼星星来盼月亮，盼着救星共产党。
有朝一日盼到了，幸福日子万年长。

（二）高腔山歌

高腔山歌是一种大众化的民间音乐，是劳动人民在长期的生产生活中集体创作的艺术珍品，以口传心授而世代相传。在宣恩县主要流传于椿木营乡各村和长潭河侗族乡、万寨乡、沙道沟镇的部分村寨。高腔山歌于2011年列入湖北省第三批非物质文化遗产名录。

高腔山歌是"号"（梗子）与"歌"（叶子）、"喊号"与"唱歌"巧妙组合而构成的一种独特的歌唱艺术和表现形式，其调式为徵调式，也有少量羽调式。由于"号"与"歌"穿插交替进行，"号"要用"假嗓"喊，"歌"要用"真腔"唱，所以，演唱难度较大，要真假音巧妙结合才能唱出高亢、跌宕起伏的音乐效果。加上装饰音、儿化音较多，衬词"呃""呀""啊""哪"出现频率也较高，既美化了音乐，也增加了演唱难度。

2019年6月，椿木营高腔山歌代表恩施州走进青海省海西蒙古族藏族自治州，参加全国少数民族民歌大赛，在85个参赛民歌中斩获"十强"，歌手李美珍、苏春桂、何泽忠、李万珩分别获"民歌之星"荣誉称号，团队获"最佳组织奖"。

椿木营地区的高腔山歌，以鸳鸯号子最为典型，许多歌手都能演唱，杨柳坨村的何泽忠是省级非遗项目"五句子山歌"州级非遗代表性传承人，何泽贵是当地山歌能手。现以鸳鸯号子——《郎口没得姐口甜》这首歌为例，从文字角度来欣赏高腔山歌"号"（梗子）与"歌"（叶子）的穿插之美。

郎口没得姐口甜

（鸳鸯号子）

麦李没得苦李圆，郎口没得姐口甜。

去年六月逗个嘴，今年六月还在甜，

新旧要恋两三年。

这是一首五句子山歌，用鸳鸯号子演唱，就别有一番新意。由于篇幅所限，曲谱从略，只将文字穿插样式记录如下：

叶子　（叫）甜酒曲儿小，
　　　（穿）扯个溜子圆，
　　　（叫）甜呐咪子甜。
梗子　（叫）麦李没得苦李圆，
叶子　（穿）甜酒曲儿小，
梗子　（叫）郎口没得，
叶子　（穿）扯个溜子圆，
梗子　（叫）姐口甜。
搭桥　（叫）哥哥来得哟，
　　　（穿）这样稀，
　　　（叫）没得么子情郎哥哥舍，
　　　（穿）糯米醪糟当烧酒，
　　　（叫）溏心鸡蛋，
　　　（穿）蜂糖甜，
　　　（叫）口口喂在郎嘴里。
叶子　（穿）杜康菩萨造美酒，
　　　　　甜呐咪子甜。
梗子　（叫）去年六月逗个嘴，
叶子　（穿）甜酒曲儿小。
梗子　（叫）今年六月，
叶子　（穿）扯个溜子圆，
梗子　（叫）还在甜。
叶子　（穿）杜康菩萨造美酒，
　　　　　甜呐咪子甜。
梗子　（叫）鸳鸯号子鸳鸯叫，
叶子　（穿）甜酒曲儿小。
梗子　（叫）新旧要恋，

叶子（穿）扯个溜子圆，
梗子（叫）两三年。

（三）薅草锣鼓

薅草锣鼓既是一种生产习俗，更是一种民族音乐文化，历史悠久，早在汉代就很盛行。它伴随着生产劳动，广泛流传于宣恩各乡镇及湘、鄂、渝、黔边界少数民族地区。清同治二年版《宣恩县志》记载："夏时耘薅，邀多人并力耘之。选善唱田歌者，鸣锣击鼓，一唱一和，谓之'打锣鼓'。"2008年，宣恩薅草锣鼓被列入第一批国家级非物质文化遗产扩展项目名录；椿木营乡李忠和与李万珩分别进入国家级非遗项目"薅草锣鼓"湖北省和宣恩县非物质文化遗产名录代表性传承人名单。杨柳坨村演唱传承人有卢远明、袁玉宽、何泽忠、沈昌文等人。

薅草锣鼓（李忠和 摄）

薅草锣鼓实际是一台精彩的演唱会。歌师班子以青山为背景，以大地为舞台，运用生动活泼的群众口头语言和娴熟的演唱技巧，在民间打击乐器的伴奏下，以轮唱的形式，通过优美的歌声来调节劳动者的精神情绪，达到愉悦身心、鼓舞士气、调节生产进度、提高工效的目的。

薅草锣鼓一般有引子、请神、扬歌、送神四个环节，引子、请神、送神三环节均有固定唱词，扬歌内容丰富，唱的时间长，一般为即兴之作，唱腔为本地山歌风格。内容五花八门，既有三国、水浒、说唐、说岳等历史故事，也有指挥休息调节生产进度的鼓舞之词，如"看到看到太阳偏，草已薅了几道垮，你们手杆都薅软，放下锄头喝杆烟"，"歇气喝烟好是好，那边还有一个堡，大家手杆放硬点，刈口薅齐就放薅（锄）"。还有日白风趣的歌词："叫我日白就日白，五黄六月落大雪，房上公鸡在生蛋，屋里男子在坐月，隔壁牯牛下个儿，只要三天就用得，那边麻雀下个蛋，抱出一条乌梢蛇……"起到醒闷提神的作用，更有歌师间相互调侃、揶揄的内容。

宣恩薅草锣鼓，伴随劳动生产发展和传承，是宣恩劳动人民的智慧结晶，代代相传，沿袭至今，在民族文艺的百花园中，是一朵绚丽多彩的奇葩。

（四）十姊妹歌

十姊妹歌是土家族陪十姊妹婚俗中所唱的歌，所以叫姊妹歌，主要分布在宣恩县椿木营乡、长潭河侗族乡、万寨乡等土家族集居的地方，较好地保存了土家族原生态文化，传承了极其厚重的民族文化基因。但在宣恩县其他乡镇陪十姊妹风俗中，只哭不唱，亦称哭嫁。其实，"歌哭虽异名，所感则同归"，其文化的内涵完全一致，只是表达的方式不同而已。

唱姊妹歌有一定的程序，是一幕有机组合的大型"套曲"，一台丰富的民间歌曲演唱会，它有序幕、有高潮、有尾声。演唱形式有独唱、对唱、合唱。演唱内容丰富，有对祖先的崇拜，有对父母养育之恩的报答，有对封建婚姻制度的抨击，有对媒人的揶揄，有对亲情、友情的抒发，有对妇女的赞颂，有对山川的怀念，有对未来的憧憬……

姊妹歌的唱腔为独特的"呀依儿腔""唢呐腔"，衬词多为"依呀依""呀依呀、依呀呀依呀"发花韵,响亮圆润。唱腔以唢呐旋律为基础,引人入"情"、入"景"、入"理",亦哭亦歌,婉转悠扬,凄美揪心,感人肺腑。

陪十姊妹（李忠和 摄）

姊妹歌的高潮当在姑娘出嫁的头天晚上。是晚,嫁姑娘家人群云集,堂屋里彩烛生辉。长方形朱红桌子上摆满糖食果饼,10位身着艳丽服装的土家族妹子围桌而坐,难辨谁是要出嫁的姑娘。首先从堂屋里飘出来的是开台歌声,姑娘们常以"十"为题,诸如"十唱""十想""十爱""十杯酒"等,把姊妹歌的内容不断拓展和延伸。但万变不离其宗,都离不开"恋亲情、伤离别"的主题,姊妹歌的尾声是出嫁姑娘痛吐肺腑之言的大好时机:"男子读书服先生,女儿离娘自开声,女儿不得孝父母,好比浮萍草一根。一尺五寸娘抚养,移湿睡干费娘心,包脚梳头娘辛苦,难报父母半点恩……""爹娘养我操尽心,可惜女是草籽命,草籽还由爹娘撒,撒到哪里哪里生。撒到高山太阳晒,撒到山沟背了阴,撒到路边牛马踩,撒到河中难生根。霜打叶落离娘身,一朝成了他乡人,爹娘一地女一乡,难报父母养育恩。"她们的歌声,往往撕肺揪心,催人泪下,闺房中歌声哭声混杂,如泣如诉,亦歌亦哭,亲情友情交织,悲喜情感交融,歌哭不尽,难舍难分。

恩施州的姊妹歌于 2009 年被列入湖北省第二批非物质文化遗产名录，县非遗部门相继在椿木营乡、长潭河侗族乡建立了十姊妹歌培训中心和生态保护区，椿木营李美珍、苏春桂分别入选省级非遗项目"十姊妹歌"省级和县级非物质文化遗产名录代表性传承人名单。杨柳坨村的李翠兰是当地的姊妹歌传承人。

姊妹歌通过唱、哭、诉这种独特的方式，把姑娘隐藏在心底复杂的心理、细腻的感情表现得淋漓尽致，为土家族文化中的一朵奇葩，世代流传，魅力无穷。

七、七姊妹山国家级自然保护区

七姊妹山平均海拔 1300 米，主峰火烧堡海拔 2014.5 米。这里土壤肥沃，空气清新湿润，雨量充足。山中林木葱茏，叶稠枝翠；奇花异卉，争奇斗艳；珍禽稀兽，腾跃深山；自然景点，星罗棋布。经专家多次考证，七姊妹山有各类植物 2027 种，其中被列入第一批国家重点保护植物名录的有 28 种，包括：国家一级重点保护植物银杏、原始珙桐群落（233 公顷）、红豆杉等 7 种；国家二级重点保护植物有原始台湾青冈林 70 公顷、连香树、花桐木等 21 种。七姊妹山国家级自然保护区有陆生脊椎动物 355 种，其中，两栖类 26 种，爬行类 37 种，鸟类 225 种，哺乳类 67 种。云豹、金钱豹、华南虎、林麝、金雕 5 种属国家一级保护动物；黑熊、斑羚、红腹角雉、大鲵等 51 种属国家二级保护动物。还有呈斑块状分布在高

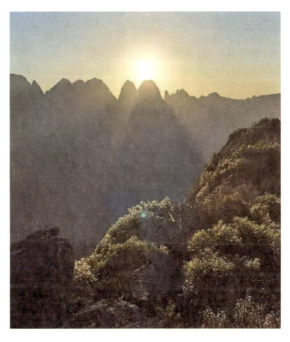

七姊妹山（刘文革 摄）

山丘陵地带的亚高山泥炭藓沼泽湿地810公顷。

七姊妹山为喀斯特地貌，山体气势宏大，既是植物的集中营，又是动物的游乐园，自然景观奇特。特别是山羊溪十里长廊，好似一首轻吟的诗篇。

2015年，七姊妹山国家级自然保护区被拍成纪录片《七姊妹山》。摄制组在拍完纪录片后，深感七姊妹山犹如一位伟大的母亲，滋润大地，滋养众生，于是触景生情，写下了长达46行的诗篇《七姊妹山，我的母亲》，抒发了对七姊妹山的敬仰和爱慕之情。

（一）鹰嘴岩

鹰嘴岩，距杨柳坨村委会3000米，东邻马家湾，南至晒坪，西望山羊溪，北靠唐家沟。鹰嘴岩是七姊妹山的组成部分，为一排耸立在峡谷的石柱，高约500米，其中一尊石柱的顶部向前突起，形似鹰嘴，故名鹰嘴岩。鹰嘴岩上面有一棵古树，像撑开的一把巨伞，紧贴在崖檐上，构成一道美丽的自然景观。鹰嘴岩上面是一小块平地，站在上面向右眺望，七姊妹山近在咫尺，向前俯视，龙马山、萨玛长潭尽收眼底。鹰嘴岩旁，有一条从山羊溪到晒坪的羊肠小道，小道成"之"字形围绕山体向上。

（二）岩人沟

岩人沟，距杨柳坨村委会6000米，东邻晒坪，南至月亮岩，西望山羊溪，北靠天花板（杨柳坨村五组），是七姊妹山的组成部分。岩人沟旁有一堵崖壁，形似一张人脸，故称"岩人"。当地人将崖壁下的长沟，称谓"岩人沟"。传说岩人有喜、怒、哀、乐：岩人露出笑脸，会阳光普照，晴空万里；岩人脸变黑，即刻乌云密布，暴雨倾盆。当地人称岩人沟为"神山"。岩人沟紧靠天花板，脚踏山羊溪，与七姊妹山隔河（山羊溪）相望，是七姊妹山保护区的一处重要景点。

（三）四牛岩屋和湿地

四牛岩屋和湿地，距杨柳坨村委会3千米，东邻锣鼓圈，南至卡坪，西望麻王洞，北靠晒坪。四牛岩屋为一山洞，洞高4米，宽30米。洞内平坝约600平方米，长满苔藓。右侧有人工垒砌的岩墙和熬硝用的石灶。左侧从岩缝中渗出的涓涓细流，顺着山坡流往湿地。这个山洞，传说若干年前，有四头犀牛经常在洞中出没，因此得名"四牛岩屋"。

岩屋旁边还有一个穿洞，洞口约2米。据说里面有硝土，早年有人在穿洞挖硝土，然后在四牛岩屋熬制。

山洞下面是一块大平坝，传说早年有一群土著青年，在坝子上开田，准备种植稻谷。一次，一位云游的道人从此路过，认为高山上不适合种水稻，但他被这群青年的吃苦精神所感动。于是道人从北方找来适合高山种的稻谷种，还教这群青年如何播种、如何薅秧、如何施肥。但青年们刀砍火种惯了，无论什么种子，都随便撒在土里，任其自然生长。道人讲的方法太烦琐，开田的这群青年面对道人不仅毫无感激之意，还口出恶语伤人，

四牛岩屋（陈绍义 摄）

气得道人扭头就走，消失在云雾之中。结果他们开的田，下种后只长叶子，不结果实，稻谷失收。于是他们只得放弃种稻谷，留下一丘丘田埂，保存至今。

四牛岩屋，除了历史上留下的传说，还有实实在在的自然资源，就是岩屋下面数百亩宽的亚高山湿地。远看这里是绿油油的草地，近看草地长的全是泥炭藓。行人走在上面，即刻渗出清水，若不及时离开，会越陷越深，掉进泥潭。

湿地周围有三条水沟，在南面山脚下，汇集成一条溪流，消失在石隙之中。然后伏流 10 余里，又在锣鼓圈露面，流入猫儿孔。

四牛岩屋和亚高山湿地，是七姊妹山保护区的重要资源，也是一大自然景观，极具旅游和经济开发价值。

八、泥炭藓沼泽湿地

2005 年，在宣恩县申报七姊妹山国家级自然保护区的科学考察中，湖北大学资源环境学院教授汪正祥，无意间在酉水源头的发源地——椿木营晒坪发现了 810 公顷亚高山泥炭藓沼泽湿地。据相关介绍，这片湿地是目前华中地区保存最为完整且正常发育的低位泥炭藓沼泽湿地。

泥炭藓，当地人称为"浮草"，也称"打死还生草"，它的根系发达，烂泥中的根系干枯后，时代久远逐层炭化，最终形成黑黑的泥炭，故名"泥炭藓"。泥炭藓像海绵一样疏松，它可以吸附相当于自身体积 20 倍左右的水分，为溪流

泥炭藓（陈绍义 摄）

河水蓄积充足的水源。湿地是地球之肾,这片湿地对控制水土流失,滞留沉积物,降解环境污染物,调节气候,维持洞庭湖水系沅江支流酉水源头的稳定起着关键性的作用。2008年,七姊妹山升级为国家级自然保护区,晒坪这片亚高山泥炭藓沼泽湿地,正式列入了七姊妹山保护区范围。

九、酉水源

经专家考察论证,确认酉水只有一个源头,那就是湖北省宣恩县椿木营乡杨柳坨五组(晒坪)的马家湾,这里海拔1900多米,植被丰富,周围有810公顷的亚高山泥炭藓沼泽湿地,积蓄着大量的地下水资源,是一座天然的地下水库,是酉水的不竭源泉。饮水思源,更要饮水护源,宣恩县人民政府出台了相关措施,加强了对酉水源的保护工作。

酉水源头由猪社和马社的两条小溪汇注猪槽塘,经锣鼓圈、猫儿孔流入白水河,一路歌唱,逶迤流入沅江。

酉水在宣恩县境内长120千米,宣恩境内流域面积1251平方千米,滋润着14000公顷农田,约14万宣恩各族儿女繁衍生息在酉水流域土地上。宣恩段主要支流有李家河、黑龙河、高罗河、龙潭河、林家河。

酉水历史悠久,属武陵山区五溪之一,即今之巫水、渠水、潕水、酉水、辰水,均属沅江支流。酉水从沅陵县以西注入沅江,古代以西为酉,故名酉水。

酉水源头石碑(张连海 摄)

酉水滚滚,不舍昼夜,自源流经湖北宣恩、来凤,湖南龙山,重庆酉阳、秀山,至高桥入湖南保靖,经永顺、古丈,在沅陵西入沅江,全长477千米,流域面积18530平方千米,是长江支流——沅江的最大支流。

酉水是土、苗、侗、汉各民族人民的母亲河，亘古至今，带着历史的沧桑，奔腾不息，绕千山、经洞庭，入长江而归大海。

酉水将古镇、河流等历史文化名镇，以及仙佛寺、卯洞、一天门、月亮岩、鸳鸯峡、将军山等自然景观串连在一起，散发着独有的民族气息。

酉水河两岸春花灿烂，夏绿翠滴，秋风送爽，冬凌晶莹，伴以山雀啁啾，蝉鸣鼓风，四时皆景，十分怡人。居住在酉水两岸的土家苗汉各族人民，而今正自强不息，顽强勇敢，团结协作，共创美好与和谐家园。

遗 珍

/Yizhen/

水田坝村
——施南土司皇城遗址"千户土家"

水田坝是椒园镇的一个行政村,位于椒园镇中部,距镇政府4.4千米,距县城14千米。东与椒园村相连,西与老寨溪村接壤,南与凉风洞村、石马村毗连,北与黄坪村相邻,面积9.76平方千米,辖10个村民小组13个居民点2400多人。该村四周环山,中间一个大坝,多为水田,故名水田坝。这里山清水秀,物华天宝,人杰地灵。

水田坝

明朝时,水田坝曾是施南宣抚司所在地。施南宣抚司是当时施州最大的土司,其皇城建在水田坝下坝,气势恢弘,金碧辉煌。《施南府志》记载:"宋崇宁中,覃都管马始纳土输赋,令隶施州。元置镇边万户总管府。至元二十三年,改忠义军民安抚司,至正二年叛,都元帅纽土粦谕降之,改施南宣抚司。明玉珍据蜀,始更宣慰司为施南宣抚司。洪武四年,大军克瞿塘,中山侯遣使黄述,招覃天富入朝,署施南长官司。七年升宣抚。十四年叛,讨平之,二十三年定其地。永乐二年,改长官司,属大田军民千户所。四年复升为宣抚,仍属卫。……东至高罗25千米,西至万县275千米,南至大田30千米,北至本卫30千米,在卫南50千米。自洪武四年覃耳毛始。"

施南土司皇城坐南朝北,四面环山,后依大堡,前有笔架山,左有狮子堡,右有大坪堡,有一小溪经门前流入落水孔(洞)。1986年,宣恩县文物普查小组发现,该皇城建筑气派,设计精巧,两层六进,两个四合天井院,砖木结构,占地1500平方米左右,四周为封火墙。皇城大门为细纹条石嵌封,外有一对石鼓排列左右。门边有一副青石格条装饰的对联:内侧为"南梁武勇成双士,经国文章第一家";外侧是"北阙文章经国策,南梁武勇定邦才";横批是"经国世第"。门额镶嵌石碑一块:正中刻有"施州卫世袭宣抚使司"九个大字;两边各刻两行小字,右边是"思我覃氏普诸流裔佐梁仕唐代传奇勋";左边是"施州一卫宣抚使司分镇护守遂世家焉"。

皇城建筑所有木料均为杂木,木板是楠木,其柱、梁、枋、椽、檩等部件多为柏梓(白子)、枫(封)、猴(侯)栗等材料,隐喻"封官进爵、吉祥如意"之意。

前厅长21米,宽6米,从前厅到

皇城大门(图片为翻拍)

中堂是 5 米宽的石阶梯，两边花草鸟兽浮雕。两个天井，均为六菱形石板嵌底，长方形刻花石板镶边，两边走廊用条石铺成。

中堂长 15 米，宽 11 米。两侧厢房，楠木板镶壁，嵌花格门。二层为雕花栏杆，走马转角。屋檐与天楼之间，用波形楠木板装修，工艺细腻，造型美观。

后厅长 15 米，宽 7 米，四柱拱斗，重檐翘角。皇城结构紧密，布局严谨，砖木结构，布瓦屋面，工艺精湛，是宣恩县有名的古建筑之一。

施南土司皇城始建于明代，中期迁至宣恩县城墨达山下。由于种种原因，如今皇城已荡然无存，仅存颓垣断墙，令人扼腕痛惜。

从 700 多年前水田坝土地上皇城古建筑到现在"千户土家"的特色建筑，使水田坝在历史的长河中发生了嬗变。当人们走进水田坝，映入眼帘的是一栋栋青瓦白墙的民宅，鳞次栉比，飞檐翘角，错落有致地镶嵌在苍翠四合的山麓或洁白的岩脚下，这就是被誉为"千户土家"的民宅群落。一泓清澈的溪流沿"千户土家"而过，缓缓注入具有神秘色彩的落水孔（洞）。民宅前是一片开阔的茶园，葱葱茏茏，成畦成行，满眼翠绿，一派生机。一座侗族风格的风雨桥和两座便民桥横跨小溪，将"千户土家"和千顷茶园相连，浑然一体。

"千户土家"的民宅是遵循"能靠山不占田，能集中不分散"的原则而建，工艺精湛，布局精巧，园林清雅，环境优美，较好地体现了"飞檐翘角，栏杆垛脊，青瓦白墙，木门木窗"等具有土家族、苗族、侗族建筑元素的特色民居建设方针。民宅中的民宿，有充满民族特色的农家大厅，有优雅舒适的卧室，有设施齐全的厨房，与时俱进的家具家电亦一应俱全。

一个约 2000 平方米的文化广场坐落在白岩脚下，这里既是"千户土家"核心区，又是水田坝村委会所在地，也是村民的文体活动中心。每当夜幕降临时，不少村民在欢快的乐曲声中，跳起了多姿的广场舞；节假闲暇之日，这里便是村民游玩娱乐的好去处。那排排路树，行行灯杆，不仅扮靓了环境，还为村民提供了休闲漫步的条件。还有那 1500 米河堤护栏和绿化带，2500 米的水泥道路以及茶园间的游步道都是乡村极具特色的设施，对劳作一天的村民来说，漫步在这临溪大道和茶园小径上，是一件十分惬意的事。

不得不提的是那约 2500 米的连户路,将"千户土家"连成一个整体,路路相连,户户相通,整个村落有如一条白线将颗颗璀璨的明珠串联在一起,然后又撒落在绿树翠竹之间,阳光下,熠熠生辉;风雨中,怡然自在。

"千户土家"宜居自在的生活,体现出源远流长而又凝练精深的传统文化,也体现了一种人与自然和谐相处的精髓和空间记忆。人们不禁用"村外又村千户荫,树间生树四时春""青山绿水引诗赋,墨瓦白墙牵画魂"来赞誉"千户土家"的珠联璧合、凤落梧桐之妙。

2019 年 6 月,水田坝村被列入中国第五批传统村落名录。

大白溪村
——野生岩茶

大白溪村是宣恩县沙道沟镇的一个行政村,位于沙道沟镇西北部,酉水河畔,海拔700～1100米,距县城宣恩117千米,距沙道沟集镇17千米。东与酉水隔山相邻,南同官庄村毗邻,西和高罗乡接壤,北与长潭乡洗马坪交界。全村辖8个村民小组158户506人,拥有耕地面积1058亩,林地面积16540亩。这里山高谷深、群山绵亘,常年云雾缭绕。"林深村落多依水,地少人耕半是山"是对这里的自然环境和地貌特征的真实写照。

大白溪村主要村落喻家寨

遗珍

大白溪村三大原始吊脚楼民族大院喻家寨、姚家河、咸池河坐落在地缝峡谷,群山环抱之中的河沟两岸。在此居住的土家族占90%以上,还有苗族、侗族、汉族等。姚家河两边的鸡冠山与鱼尾山相互呼应,美不胜收。甘甜可口的溪水穿梭在群山环抱之中,冬暖夏凉,含负氧离子高,是人们养生修心的好地方。

在大白溪村,有的河段,溪水会突然消失得无影无踪,河面干涸,无数石头显现出白色,形成了大白溪村奇特的"双层河"。在汛期里,整条溪沟溪水暴漫,晴日里清水流淌,时间长了,有几段河道出现断流,溪水潜入河床下层流淌,"双层河"由此而来;干涸的河床上石头显白,大白溪由此得名。

大白溪特产有野生岩茶、野生蜂蜜、野生羊雀菌、野生香菇、八叶瓜、核桃、梨、枇杷等。山中动物主要有野猪、麂子、麝香、山羊、大牧羊、飞虎、果子狸、黄羊狸、狐狸、锦鸡、黄鼠狼等。中华人民共和国成立前还有老虎和猴子出没。有名贵药材七叶一枝花、野白三七、野黄连、飞虎屎等,还有珍贵树木珙桐、几百年古楠木、红豆杉等。

生长在乱石中的野生岩茶

酉水流域是古代巴人的生存发源地,有悠久的民族风俗和文化底蕴,如嫁女有哭嫁歌、陪"十姊妹",还有陪"十兄弟"、孝歌、哭丧、打花鼓(三棒鼓)、薅草歌、插秧歌等民族风俗以及土家族吊脚楼院落建筑独具特色。

土地革命战争时期,一支贺龙红军队伍从鹤峰去洗马坪路过大白溪时,有三位红军战士牺牲在这里,遗体就地掩埋在寨子东面山脚下。20世纪80年代,当地政府将烈士遗骸移入县烈士陵园。村民们仍在原墓地遗址重新垒土成坟,以示纪念。每逢年过节,人们自发地到墓地祭奠。

武陵山区属云贵高原的东延部分，适宜茶树的生长。大白溪村处于武陵山区腹地，生态条件优越，地表为砂岩及砂页岩，砂质土壤、气温、降水量为茶树提供了良好的生存条件。大白溪人世代以种植玉米、水稻、洋芋等传统作物为主，过着日出而作、日落而息的生活。他们要喝茶，就上山采摘一些茶树叶，通过自己进行手工制作。

　　2012年9月，宣恩县政协文史委"野生岩茶"考察组先后两次深入大白溪村，发现了该村8个组中有7个组分布着野生岩茶群落，其调研文章《"宣恩酉水岩茶"发现记》在2012年第四期《巴文化》发表。湖北省首批"博士服务团"成员、华中农业大学的茶学博士周基荣于2012年先后两次来到大白溪漂水沟对该地野生岩茶进行考察取证，命名为"酉水岩茶1号"。之后，经茶叶专家品尝后认定，大白溪有机野生岩茶色泽鲜嫩，汤色绿黄明亮，气清高而持久，滋味浓醇爽口，回味力强，味极甘芳。几次的考察证明，在大白溪印证了茶圣陆羽（唐代）在《茶经》中所言的"断崖乱石之间，茶茗业生，最为绝品"。

　　天然、有机、无公害的大白溪野生岩茶曾受到宣恩泛得公司的青睐。2015年3月30日和4月8日、11日，泛得公司先后三次进驻大白溪村蹲点收购，并且开出最高300元每千克、最低140元每千克的"天价"，让乱石堆里生长的野生岩茶变成村民的"摇钱树"，昔日无人问津的"山中宝藏"野生岩茶，让这个宁静的小山村一时间沸腾起来。大白溪人做梦也没有想到，房前屋后山坡上生长的大片天然野生岩茶群落给他们带来幸福生活的转机。

　　奇特的地理位置、海拔、生态、气温、光照、土壤，孕育了大白溪珍稀的天然野生岩茶。据了解，目前已发现大白溪村野生岩茶产量在1000千克以上。邻村坛子洞村12组广洞湾还发现了一棵直径达27厘米的大野生岩茶树。

　　如何开发利用好宣恩酉水岩茶，做实"石疙瘩"变成"金疙瘩"？沙道沟镇党委、政府决定，通过多渠道、多途径、多方式来盘活盘大野生岩茶产业，将野生岩茶培育成富民强镇的特色支柱产业。加大宣传力度，对野生茶树资源实施原址原状保护；组织专班，对包括大白溪村、坛子洞村在内的沙坪片区的野生岩茶群落进行调查，摸清分布状况、面积、产量等；借助企业、茶叶专家的外力，做野生岩茶产品；争取项目支持，加大野生岩茶群落的乡村公路交通、通信网络建设，并将有机野生岩茶产业与发展乡村生态休闲旅游结合，构织一个"林中有园、园中有茶、茶中有花、花中有果、果中有农家"的集旅游、观光于一体的生态休闲农业观光区。

（本文图片提供 / 谭文）

药铺村

——药铺老街·杨家院子·三眼泉

药铺村位于沙道沟集镇东北部,沿酉水而上约31千米。全村面积40.11平方千米,辖15个村民小组550户1760人。清乾隆元年(1736)前属忠峒土司辖地,人烟稀少。改土归流后,湖南、贵州等地的苗族、侗族等少数民族人民陆续迁徙此地安家落户。据传,清朝年间有杨姓在此地开设药铺,悬壶济世,故得名药铺村。

药铺村坐落在崇山峻岭之中,平均海拔710米,以石灰岩母质形成的土壤为主,土多田少,坡地多平坝少,山雄水美、地肥人亲。村委驻地罗家坪连接药铺老街为一狭长平地,是该村最大的坝子,白水河清流傍街而过。药铺村村民小组分布在白水河两边的青山绿水之中,依山而建的木质瓦房农舍,散落在葱茏之中,给人一种幽美恬静的感觉。

药铺老街曾是20世纪80年代前小公社、小乡政府的驻地,是这一带村民逢场赶集,进行货物交流以及山货、土特产集散地。有街道、商铺、粮管所、大会礼堂等。老街粮管所后边,坛子洞小河与白水河交汇处,曾是酉水第一水运码头。20世纪80年代前,从事药铺至沙道沟集镇河运的有沙道沟镇老司街、水田坝、药铺3支船队,每支船队有木船4~5艘,负责出山运山货、载客,进山运百货以及这一带村民生产、生活所需的其他物品。周家岩坷是木料扎排、放排的起点,如今成了酉水业余漂流爱好者的首站。

药铺村曾是一个"出山容易进山难"的地方。人们出山多从药铺老街水码头花上两元钱乘船出山。由于水田坝至官庄一带河两岸多为陡壁或深潭,道路不通,乘船因是上游,全靠人力拉纤,船费较高,村民进山需从水田坝村爬坡从黄泥塘村境内连三偏（连续三个斜坡），一偏有5里，三偏共15里上坡，到董家庙再走下坡1千米，到踩水埠后沿河而上。直到1975年修通了公路，"进山难"的现状才得以改变，药铺老街水码头功能也随之成为历史。

杨家院子座落在沙坪至药铺公路旁，地名叫岩脚根的山下。院子依山傍水而建，有13栋70余间木质瓦房民居，现有住户12户126人杨姓人家。因院子内居住的全是杨姓村民，因而称为杨家院子。院子周围经济林木环绕，院子后青山耸翠，院子前白水河流水淙淙，美不胜收。

据杨氏族谱记载，杨氏祖先杨唐万于乾隆年间从湖南靖州府通道县黄家堡村迁徙来到药铺，在这繁衍生息已有13代。传言清末，曾因被土匪抢劫，并放火烧毁山寨，化为灰烬。杨氏族人，没有一人外逃，更加团结一心，互帮互助，在原址重新布局，修建新居。经百年奋斗，形成今日之规模。

在这里仍保存有三脚鼎罐、茶罐、石碓、石磨、风车、蓑衣等传统用具。

古香楠生长在院子的后山上。山林中有乔木、灌木和大小不等的香楠树，沿着一条用水泥铺成的山径，行走约15分钟，可看到3米见方的两块大石头，在大石头的前面生长有两棵直径1米多的古香楠。大石头下面的台地上是杨家院子始祖杨唐万的墓地。在树下看树枝，最粗的直径有15厘米左右。

据院子里老人说，这两棵树落在地上的枯枝大杈，是不允许村民随便拾回家去的，都是任其落在树下。为鉴别香楠的木质和香味，曾有来杨家院子寻根问祖的人，征得杨家院子的老人同意，从树下捡来一截直径5寸大的香楠枝杈，用斧头砍去楠木表面的树皮，其木质颜色金黄、纹理细密、香味浓郁四溢，只要用手一摸，手上就会留下香味。

鸳鸯峡位于白水河药铺村与白水村交界处，距药铺村委会3000米，其河岸有两山相峙，形似一对鸳鸯，相距30米，高200余米，长1500余米，故称鸳鸯峡。

传说，白水河两岸的山原是一座山，阻拦河水畅流，使得涝灾连年，民不聊生。人们挖山排涝，快要完工之时，突现巨石，横亘河中。用铁锤钢钎砸敲，火星四溅，灼人衣焦皮伤。一青壮小伙，不信邪，抡锤猛砸，不惧火炙。恰逢其妻送午饭，见此情景，奋勇上前，为夫助阵，二人合力，其力徒增，一声巨响，浓烟冲天，只见烟分两半，石分两块，众人朝天望去，见夫妻二人隐入烟中，随烟分开，频频相呼，化成今人所见之山。传说此山日分夜合。游人如有缘，两山在太阳光下和月光下能看到山影相会，因此，有词曰："日悠悠，月悠悠，日月朝夕影倚求，鸳鸯情意柔。"词中日月朝夕影倚求所表达的正是这一景观。

鸳鸯峡

月亮岩又名"三眼穿"。远远望去，一座横亘如障的山峰耸立于白水河畔，银灰色崖壁如削。斜横着有三个洞孔，崖的前端有一洞孔，约30米见方，穿通大山、似月亮形，如明月光亮耀眼，故称"月亮岩"。中间一个岩洞为崖墓洞穴。此崖墓是千古之谜。

三眼泉，以药铺村境内白水河段中三个出鱼的泉眼而闻名。据药铺村退休老教师杨平阶讲述，三个泉眼顺河自下而上为序：第一泉眼位于杨家院子前，泉眼与河床平齐，泉眼中常年涌水出鱼；第二泉眼位于吊水坎，高出河床面，是三个泉眼最大的一个，常年涌水，出鱼最多最大，修公路时，泉眼被岩石掩盖；第三个泉眼位于药铺村小学边，泉眼与河床平齐，常年涌水出鱼。三个泉眼，泉与泉间隔距离300多米。春夏之季，打雷下雨，泉眼中出鱼最盛。

（本文图片提供/杨平阶）

蜡树园村

——古盐路客店·朱家垮·飞水岩瀑布

蜡树园村位于高罗集镇西北方，从高罗集镇过龙河大桥，沿铅场溪古盐路而上约10千米处。全村面积8.46平方千米。清乾隆元年（1736）前，属高罗土司辖地。

在蜡树园村西北方，有一座名叫猪嘴岩的山峰连接朱家坳向东南方延绵起伏，形成15千米长的峡谷，有的地段是"V"字形，有的为"U"字形。猪嘴岩山崖瀑布，一股清流飞落直下后，沿着傍山河沟，流到庙门口与朱家坳肖家河沟溪流汇入九道水，蜿蜒曲折向东南方流淌，经铅场溪汇入龙河。在山洪与河流的冲积作用下，年长岁久、日积月累，在"V"字形地段形成梯土台地水田，"U"字形地段形成谷间坝田。"一方水土养一方人"，这些自然造化，为这里的人们提供了耕作居住生活的空间。

自然石块梯级盐路

据朱家湾78岁老人朱宗怀忆述，在肖家河沟村民王本池的屋边曾有一棵蜡树，树的直径有60厘米左右，大约在20世纪50年代不知因何事被砍伐。由于这棵蜡树位于肖家河沟溪流的源头朱家坳的大路旁，从这里往来的行人将"源头有棵大蜡树"的地方作为标志相互口传。为表述简洁明了就说成"蜡树源"，今人用文字表述成了同音不同字的"蜡树园",蜡树园村因此得名。

从铅场溪的四眼泉到蜡树园村境内,有9个大山湾,水曲九折,行人要过9道河,所以人们形容进出蜡树园要"开9道锁"。

蜡树园村有7个村民小组184户709人,大都是以院落形式居住。九道水的源头肖家河沟旁的朱家坳为一组,猪嘴岩下的朱家湾为二组,依次是饱浸塆、李家院子、谌家院子、肖家院子、张家院子。姓氏有朱、梁、谌、肖、李、张、徐、向、田、吴、宴、刘、宋等,除田姓为本地人外,其他姓氏多为清改土归流后从湖南、贵州等地因灾荒、战乱等迁徙而来。民族有土家族、苗族、侗族、汉族等。以泥质页岩扁沙土分布面积大,平均海拔740米,村委会驻地肖家院子。

据史书记载,宋真宗年间,盐政当局对施黔等州实施禁运食盐措施。盐,自古以来是人类生活的必需品,因此,这一政策引起此地人们极大的不满。以高州(今高罗镇)刺史田彦伊(田景迁之子)为首,联合其他羁縻州进行反抗,经常发生聚众袭寨抢盐事件。为不再发生此类纷争,朝廷采取"以盐易栗"的方法,安民息事。在旧时,盐的运输方式是肩挑或骡马驮运。人力肩挑者称"挑夫",用畜力骡马驮者称"骡马客"。盐的运输是负重行走劳动,要尽量回避山高、路陡、水恶路段。蜡树园村境内地势平坦,是宣恩南部一带入川运盐的重要通道。

20世纪90年代以前在蜡树园村境内,仍能见到平路地段用卵石铺成的"鸡爪路",斜坡路段用石块铺成的石梯路。随着近年来的村村户户通公路,这种现象再难见到。据当地老人说,旧时用石头铺成的盐路既适合骡马行走,也适合常人行走。"挑夫"和"骡马客"去来,都有货物,入川时将当地桐油、生漆、桮子、药材以及其他土特产运送到云阳、万县等地出手后,回程挑运食盐。当地曾流传"男人有三苦,挑盐、舂铁、挖荒土",因负重行走劳动,人们每天一般只能走25～30千米。从早到晚负重行走一天,是相当困乏的,太阳下山有一个适合歇息的客店,就是最大的享受。蜡树园境内除路途平坦之外,由于多为扁沙地,河水不论冬夏只要太阳一晒,水温非常暖和,很适合洗澡抹汗,消除疲劳。盐路是商旅之路、安民之路、兴盛之路,对当地来说,有利于路边经济商贸、饮食、住宿等服务业的发展。中华人民共和国成立前，蜡树园村管辖地，从高罗集镇龙河村的大岩堡到朱家坳长达15千米。客店从铅场溪下游排序有：凉风洞新店、小坝河杨家店、盘古庙欧家店、飞水岩张家店、药王树下肖家店、拱桥新路刘家店、朱家坳店。肖家店子年代久远，规模较大，拱桥新路刘家店经营到20世纪90年代，因修路改道消业。

肖家店子坐落在九道水岸边古盐路旁。正屋为一排五间，五柱五骑，两边为转角吊脚楼，是盐大路仅存的一栋旧旅馆。据村民肖隆友介绍，乾隆年间，肖氏先祖绍珍从湖南安化因水灾迁徙来此，利用山后有槽口斜坡可以开垦耕地，河边可开水田，盐路来往行人可开店做生意，于是在此安家落户，繁衍生息。肖家店子是经过几代人农耕和开店，不断积攒、不断翻新扩建而成。这个店子是20世纪40年代肖龙海经营的盐路客店。后山上有一棵药王树（木荷），传闻"抱一抱，百病消"，树龄至今有350多年。

20世纪70年代前，蜡树园村有大小不等的院落5个，朱家湾是现在保存较完整的传统民居。近年来，其他院落由于人口增加，原来房屋年岁久远，已进行拆旧翻新。

朱家湾位于猪嘴岩山下，是蜡树园村西北方源头的山塆塆，三面环山。猪嘴岩山间一股清流与北方肖家河沟山溪水在东南方庙门口交汇，将朱家湾包围后，汇聚成山中有水、水中有山、山水互抱、美如仙境的一塆院落。

朱家湾有两个院子。朱家院子居上方，连接朱家院子下方的叫梁家院子。据朱氏族谱记载，始祖朱义雍，于清乾隆年间从湖南慈利迁徙到下坝居住，下坝是一个易遭水淹"十年九不收"的地方。二世祖朱福生移居到此地落根，繁衍生息，已有10代人了。梁氏家族原在龙潭河居住，因与朱家湾五世祖朱世科是姻亲，关系甚密，迁徙来朱家湾居住。据朱氏家族后人说，他们来这里已有5代人了，两姓人相处十分和谐，每遇大事小事，互相帮忙，增添人气；每逢农忙之季，互相转工打伙，尽己力气。谁家有困难，大帮小助，汇聚财气。

朱家湾有传统木质结构房屋16栋，一排连五间的有4栋，有转角屋2栋，以五柱五骑为多,没有吊脚楼,没有现代水泥房。现居人口104人。

春夏之季,每逢大雨过后,从高罗集镇到蜡树园村,沿路都可以看到急缓不同的山间瀑布,这些瀑布雨停瀑消,可观时间短暂。唯蜡树园村境内的飞水岩瀑布一年四季都可观赏。

飞水岩

飞水岩位于蜡树园村东南方,距村委驻地1千米。飞水岩高200余米,瀑布高度80余米,宽约5米。崖口是麻柳塘村和蜡树园村的分界处,进入崖口就是麻柳塘村管辖之地。瀑布水源来自贯穿于麻柳塘村的一条小河沟,全村山涧之水汇集到这条小河沟之中,从飞水岩崖口流出,进入九道水经铅场溪汇入龙河。因此,飞水岩的瀑布是麻柳塘村的水,化成了蜡树园村的一道景观。

平常晴天日久之时,飞水岩由于崖口内是一条平缓河沟,流到崖口处,呈自然落体状态。大雨后,飞水岩瀑布气势磅礴,最为壮观。

(本文图片提供/吴燊坷)

清水塘村

——清水塘·古院落·船头寺

清水塘村,地处高罗镇西北部,东距高罗集镇40千米。西至上洞坪,东至龙潭河,南至车道湖,北至大坪,面积8.07平方千米。清水塘村为喀斯特地貌,地下溶洞多。清水河从头塘的一个大溶洞涌出,水量大,因出水处头塘泉水为清绿色,故名清水塘。

清水塘全景

清水塘分头塘和二塘,这里曾流传很多传奇的故事。

头塘,面积约100平方米,水为清绿色,深不见底。传说早年这里有一个大岩招,里面是一家油榨坊,油榨坊老板就住在这个岩洞里。一天夜里,油榨坊老板刚睡下，一个白胡子老头走到床前对他说："你赶快搬开吧，这个地方我们要住。"说完老头腾云驾雾而去。油榨坊老板从梦中惊醒，起来点燃油灯一看，本来十分干燥的大岩招，变得十分潮湿。岩缝中还涌出一股股浑水。油榨坊老板见势不对，联想到白胡子老头托的梦，这地方真的不能住了，赶忙把要紧的东西搬到附近山上，东西还没搬完天已大亮。油榨坊老板站在山上向下一看，只见大岩招全部被淹，滚滚黄水从洞中涌出，转眼间，这里形成一个大塘，因这里是清水河的源头，人们称这里为头塘。

头塘有三怪。一怪是看不见泉涌。涨水时节只见水位升高，完全是平流，就像升降平台一样，就是大水漫堤，也找不到水是从哪里流出来的。二怪是大晴天突然出浑水。清水塘平时白浪涟涟，河水清澈见底，当地下大雨山洪暴发，头塘的水仍然十分平静，水流清澈。但有时当地是大晴天，头塘却出浑水，甚至还漫了堤。三怪是出"异物"。头塘出浑水时，有时当地人看见有整排的木扇从头塘飘流而出，前辈人说出浑水时还看到过棺材、木箱等异物。三怪其实不怪，这是大自然的造化，当地人说不清楚，还是让地质学家日后去揭开这个神秘的面纱吧。

头塘边有一座园形小山堡，远看似一朵莲花，故此处被称为"莲花宝地"。清乾隆年间郑氏先祖在此修宅建寨，经过十余代人的不断整修扩建，在头塘、二塘的沿河两岸形成三个院落，共有房屋60余栋，占地面积150余亩。

头塘右岸村寨，坐西向东，共四层25栋房屋60余间。第二层与第一层相距约3米，共有房屋5栋15间，为后来改建或新修，多为五柱四骑，穿斗式结构。最初这个寨子全部为郑姓，后又陆续迁来李姓和黎姓等。

二塘左岸古村寨坐东向西，共三层23栋木房沿二塘左侧展开，房屋大多是民国时期和解放后修建，多为五柱四骑，穿斗式结构。最初是郑氏家族后裔从老宅移居到此，后来又陆续迁来刘姓、谭姓、李姓到此居住。

二塘右侧古村寨坐西向东，与头塘古村寨仅隔一个小山梁，房屋分布在新修公路的两侧，多为解放后修建，穿斗式结构。村寨居民多为郑氏，从头塘老宅移居到此，后又有刘姓、谭姓、李姓陆续迁来，形成土家族、苗族和汉族聚集的民族村寨。头塘、二塘三个寨子互相连结，清水河上有三条坝、三座桥，沿河两岸修有石板路，供游人行走。

　　清水塘除了古寨外，还有古迹。在清水塘左岸，有一座新庙，原名船头寺，即今村委会驻地，后新庙移至关塘，搬至清水塘左侧的半山腰，该处有庙宇五间，占地面积一亩。寺庙一般是和尚守庙，但清水塘的寺庙住的不是和尚，而是尼姑。尼姑守庙还有一个动人的故事。早年清水塘的山外边有一家农户，家里很穷，但养了一个貌似仙女的姑娘，经媒人说和，放到一家大户人家做童养媳。这个姑娘长相虽然好，但因娘家穷，婆婆家嫌贫爱富，把童养媳不当人看，姑娘实在忍受不了，一天趁人不备，从山外边跑到清水塘船形寺要求留下守庙。船形寺只有一个老和尚，生活已不能自理，正好要人服侍。老和尚给姑娘剃掉头发，当起了小"和尚"。姑娘平时很少说话，上香的人也分不清是男是女，一直到后来庙里招收女和尚，才知道庙里的"和尚"原是女儿身。20世纪70年代，最后一个女"和尚"姓宋，被族里的亲人接走，新庙因无人看守，自然垮塌。

　　清水塘可谓是"人间仙境"，宣恩的"九寨沟"。2019年6月，清水塘村列入第五批中国古村落名录。

（图片提供/熊宜超　曾召纯）

金龙坪村
——古古场遗址·谭家院子·薛家湾院子

金龙坪村,地处万寨乡南部,距万寨集镇23千米,面积9.05平方千米。西至白虎山,东至贡水河,南至三河沟,北至马鞍山。金龙坪南面和北面有两条山脉逶迤起伏,森林茂密,到了秋天一片金黄,形似两条游走的金龙,故名金龙坪。

金龙坪很早就有人类居住,当地人说早期这里住的是"老苗子",《施南府志》称宣恩为"苗疆",古渭溪从这里经过,是巴人流入五溪的通道,"老苗子"是三苗与古代巴人的融合体,故称为"苗疆之地"。

宋代古渭溪改为朝贡水,这里是羁縻州(高州、顺州、保顺州三地统称)向

古古场遗址

朝廷进贡的必经之地。苗民在这里开窑烧砖瓦盖房子,修建酒店、饭铺,让过路行人住宿,时间一久这里就成了一条街道,人们称之为"古古场"。

据传,古古场后面有个岩洞,里面经常有犀牛出没,犀牛每天都要下河洗澡,上岸吃饱后再进入洞中歇息。犀牛体形大,一支独角怪模怪样,当地苗民称之为神牛,一般不去招惹它;犀牛的胃口大,吃得多,时间一久,河边青草吃完了,就吃河边苗民种的豌豆、荞麦青苗。那时粮食产量低,青苗被犀牛吃了就没有收入,苗民就要饿肚子。苗民们在一起商量,只得把犀牛赶进山洞,让它自生自灭。奇怪的是,自封了这个洞后,不久这条街也烧了,当地人说这是神牛"降的灾"。"古古场"烧了,但古古场的地名却被留传下来。

金龙坪除了古古场遗址外,还有古窑址(上窑湾和下窑湾),在贡水河边还有古迹坪、古迹河,这些古地名都有各自的历史传说。古迹河右岸石壁上还刻有一块石碑,是道光年间记载当地土民在岩壁上修建石梯的功德碑。宋代这里是高州、顺州通往施州的古道,清改土归流后以及道光年间又把这条古道整修,成为客商和当地人来往万寨和狮子关赶场的必经之路。

除了古遗址外,金龙坪的传统村寨也别具特色,金龙坪保存较好的古村寨建筑有两处。

一是谭家院子。谭家院子东距金龙坪村委会1千米,乾隆年间徐姓先祖徐善选最先从湖南常德桃源县香山村迁居金龙坪,尔后谭宗植也从湖南移居到此,刚来时有余姓人家在此居住,故名余家台。谭姓迁来后,人丁兴旺,寨子越修越大,当地人说"鱼怕进坛子",余姓人迷信所以搬走了。但地名没有改,仍叫余家台,现在这里住的全是谭姓人家。

谭家院子坐北朝南,四周群山环绕,房屋依山而建。从下往上共有四

三耳罐

层木房建筑，每层3～4栋，前后相距5～10米。早期木房多为五柱二骑，晚期建筑多为五柱四骑。谭家院子鼎盛时期有房屋20余栋、居民100余人，生活自给自足，家家有纺车，自己织布做衣服。民国时期，院子内有碾行、染行，村民可在此处打米染布。早年，这里有通往县城和万寨集镇的古道，而今修了乡村公路，一条村级公路可直通院内。这里是喀斯特地貌，多天坑和溶洞，留不住雨水，人畜长年缺水吃，而今院子后面山上建有蓄水池，家家可吃自来水。环境整齐干净，保持了古朴的农村风貌。

二是薛家湾院子。距金龙坪村委会约5千米，乾隆年间薛姓先祖薛长久，从湖南慈利县迁入此地，他见这里山清水秀，起伏的群山中有一块圆形盆地，紧靠笔尖山，便看中了这块地，于是在这里修屋盖房。这里共有撮箕口小院四座，全部依山而建。薛家湾院子自修起后，子孙八代都出文人，不是秀才就是教书先生，当地人说是沾了笔尖山的脉气。薛家湾院子原有古道经过这里，这里环境优美，房屋建筑保存良好。

金龙坪村古村寨保存完好，2019年6月，金龙坪村列入第五批中国传统村落名录。

（图片提供 / 熊宜超 曾召纯）

中村坝村
——侗寨·侗俗·手工作坊

中村坝村位于晓关乡东南15千米处,村委会驻地三仙岩,西至干家坝村、桐子营村,东至匠科村,南至杉木岭村、骡马洞村,北至桐子营村、小溪村,面积11.22平方千米。明清时期,这里是土司辖地。清康熙年间,文氏父子从贵州铜仁县随父迁此定居,刚来时,这里是长满芦茅草的一个坝子,文氏父子在此垦荒种地,因土地肥沃,粮食连年丰收。后又迁来黎姓、姚姓等,在此修屋造房,逐渐形成一个村寨,因村寨在平坝中间,故得名中村坝。

中村坝村全景

中村坝村居民多为侗族，侗寨依山而建，四周群山拱卫，寨前小河流淌，曲径通幽，人与自然和谐共存。寨内"四合天井"吊脚楼比肩而立，撮箕口式（一正两厢房）、钥匙头式（一正一厢房）吊脚楼相互连结，错落有序。这里有保存完好的半边火铺、造纸作坊、炮火作坊、榨油作坊、纺织作坊等生态文化资源，是一处典型的侗乡传统村落聚集地。

中村坝村由多个院子组成，其中有黎家院子、刘家院子、文家院子、姚家院子等。

黎家院子处于红岩子河与官迁河交汇处。院前50多亩田畴，其地形似酿酒的接口（酿酒大甑），院内有老式房屋8栋，建于清代，全木质结构，至今保存完好。

刘家院子所在地叫土洞子，背依双凤山，南临红岩子河，海拔600米。被称为"二龙抢宝"之地，以撮箕口式吊脚楼、四合天井为建筑格局，现存12栋，保存较好。

文家院子坐落在坝子东侧，依山临水，海拔600米，有良田百余亩。有房屋5栋。保存有雕楼、辗磨房遗迹。

姚家院子小地名叫白泥湾，与土洞子隔河相望，院内有传统木结构房屋9栋，依山势排列，错落有致，保存完好。

中村坝村侗寨，基本特点是正屋建在实地上，厢房除一边靠在实地和正房相连，其余三边皆悬空，靠柱子支撑。吊脚楼高悬地面既通风干燥，又能防毒蛇、野兽，楼板下还可堆放杂物。吊脚楼有鲜明的侗族特色，即优雅的"丝檐"和宽绰的"走栏"，是众多吊脚楼的新格局。如此建构，除结构稳固外，在艺术视觉上则是端庄而稳重。因为这些几何图形的边都是以直线构成，但在覆盖脊瓦时对正脊的两头都要加瓦起翘。正脊中央还要用瓦片组织成左右对称的图案，造型精美，打破了直线的单调感。

中村坝村，除了别具一格的传统村寨外，还有悠久的民族传统文化和民间传统工艺。

侗族女性服饰千姿百态，或款式不同，或装饰部位不同，或图案和工艺不同，或色彩和发型、头帕不同，她们平时穿着便装，讲求实用，盛装时注重装饰审美，朴素与华贵相得益彰。根据整个侗族妇女服装特点,可将侗族服装分为三种款式,即紧束型裙装、宽松型裙装和裤装。男性服饰为青布包头、立领对襟衣、系腰带,外罩无纽扣短坎肩,下着长裤,裹绑腿,穿草鞋或打赤脚,衣襟等处有绣饰。

侗族有哭嫁,亦称哭出嫁、哭嫁囡、哭轿等习俗,是新娘出嫁时履行的哭唱仪式活动。哭嫁一般从新娘出嫁的前半个月或一个月开始,有的甚至前三个月就已揭开了哭嫁的序幕。主要是感谢父母长辈的养育之恩和哥嫂弟妹们的关怀之情;泣诉少女时代欢乐生活即将逝去的悲伤和对新生活来临前的迷茫与不安。

侗族和土家族一样,重视"过月半",素有"年小月半大"之说。侗族丧葬习俗与土家族大同小异,有烧"落气钱""入殓""做道场""下井""复山"等程序。侗族人多石匠,注重给祖人打碑,死者身份不同,墓碑形制也不同,家族兴旺者会在碑文中记载墓主人的出生年月及迁居信息。

侗族盛装

中村坝村至今还保留传统酿酒技艺,即手工作坊酿酒。其程序是先建一个酿酒的作坑,上面固定做一个木桶,用来煮苞谷(玉米)和蒸酒。把苞谷煮熟后,放在一块平的地板上，加酒曲发酵，经过一天一夜让水气吹干，再放入发酵池里密封，七天后上节口（大甑）蒸出来就形成了苞谷酒。手工煮酒作坊工艺复杂，技术含量高，尤其需要成熟的经验才能酿出好酒。

中村坝村除了人工作坊酿酒外，还有人工造纸作坊。采用濒临失传的古老竹纸制作技艺生产"火纸"。"火纸"呈黄色，纸面粗糙，纸页较厚，基本上不能用作书写，主要用于祭祀。

中村坝村环境优美，民族文化和民间工艺特色浓厚，具有旅游开发价值。2019年6月，中村坝村列入第五批中国传统村落名录。

（图片提供/熊宜超 曾召纯）

骡马洞村

——钟岭寨·仙人洞

骡马洞村,地处晓关侗族乡东部,距晓关集镇20千米。西至长坳,东至杉木岭,南至卧西坪,北至中村坝,面积9.71平方千米。清代盐花大道从这里经过,此处有一个大洞,据说有人曾在洞里喂养过骡马,故名骡马洞。

深山古寨

元明清时期,骡马洞村是施南土司辖地,土司制度有"蛮不出境,汉不入峒"的禁令,因而人烟稀少。清改土归流后,废除土司制度,汉人大量涌入土司地区。乾隆年间,刘启祖和夫人刘姚氏,带着一分为三的半边磁盘,从贵州玉屏县猫猫村来到骡马洞黑山居住。住了一年,刘启祖想到老家还有田土房屋,说回去变卖后再回来。可刘启祖回去后杳无音信，刘姚氏只得留在骡马洞黑山上独自带着几个儿女艰难度日。黑山地势陡峭，又是老山林，他们在这里居住很不方便，就从黑山搬到山下。当时山下没有地名，他们在山下搭了木棚居住，便取名"老棚"。后来人丁增多，老棚住不下，他们又迁到一座形似大钟，名叫钟岭山的山脚下居住，并修屋造房，逐渐形成一个30多户40余栋房屋的大院落，取名叫钟岭寨。

据说，刘氏家族迁到钟岭山下定居后，一次有一个风水先生从此路过，看到寨子上面有个钟形山堡，便对刘氏族人说："你们住的这个地方不错，可惜有钟没有锤敲，你们要是在寨子上修一座油榨坊，撞杆对着钟岭，钟敲响了，刘家人会更加兴旺发达。"他们便照着风水先生说的话修了油榨坊，果然刘氏家族一年比一年兴旺。寨子由原来5户人家发展到30多户，修了4个天井院，形成一条长街。山寨不但有油榨坊，还兴建了织布坊、酿酒坊、染布坊等。寨子里的人穿衣、喝酒不用到外地去买，在自家的寨子上就能自给自足。钟岭寨离古盐道很近，在清代就有很多客商光临此处，从此钟岭寨名声远扬，这个地名也一直流传至今。

钟岭寨分上下两层，中间有油榨坊、织布坊、染坊。最上层木房依山而建。左侧坳上是四合天井院，从坳上往下走170余级石板路就到了上层寨院。上层寨院多为五柱二骑的木房，整排木房长300余米。从上层院子往下走6～8步石梯就是下层院子。下层院子多为一正两横的撮箕口，共有8栋一正两横木房连在一起，正屋多为五柱四骑或四柱三骑的木房。

骡马洞村山清水秀，洞穴奇特，其中最著名的是仙人洞。传说过去有仙人在此洞居住，灾荒年可以借到粮食和生治用具，后因有人借了不还，于是再也借不到东西了。仙人洞在半山腰，洞内分干洞和水洞，水洞后来修建了一座小型水电站，用于村民发电照明。干洞钟乳石千姿百态、五彩斑斓。洞门左上方，有一个倒吊的小钟，钟内中空，呈喇叭形，正中悬一圆锤，锤下有一根约40厘米的石绳，乍一看就跟铁铸的真钟一样。

进入洞内，有一个100多平方米的大厅，高矮不同的钟乳石柱，形状各异。

有的似过去皇帝出巡用的旗、锣、鼓、伞。其中伞形钟乳石下面有一个圆形石墩,传说是仙人的坐椅。洞顶石笋倒垂,有的似飞禽,有的似走兽,造型各异,栩栩如生。更为奇特的是,有一根形似唢呐的钟乳石吊挂在洞中,特别显眼。这支唢呐足有3尺(0.9米)有余,上部是一根细长的直棒,下部是一个唢呐口。唢呐原是一对,后被放牛娃打掉一支,摔成几段,碎块散落在洞中,至今依然可寻。

由大厅向里走,有一块形似人样的钟乳石,当地人称之为观音像。观音像前是一块鸡蛋大小的鹅卵石,大小均匀,表面光滑。初看这些鹅卵石像一群青蛙伏在地上,细看则是一个个由内向外膨胀的圆圈。再往里走,一条白色瀑布出现在眼前,有水流而无声响,走近一看,才知是白色岩浆形成的奇景。

仙人洞中最神奇的是洞中的仙女塘。仙女塘位于一个小岔洞中,塘围并无来水,却常年有水外流,而塘中水从不干涸,传说这里是仙女洗澡的地方。过了仙女塘,不远处就是千丘田。这里是一面斜坡,沿坡有一块接一块大小不等的小方块,状如梯田。继续前行,就到了水洞边。水洞也就是洞中的暗河,暗河上有人工搭的几根木头,据说是过去熬硝人搭建的。过桥后溶洞继续向前延伸,里面只有熬硝的人去过,平常很少有人踏足。洞内幽深莫测,胆小者不敢前行。

骡马洞村古村落和洞穴保存完整,2019年6月,骡马洞村列入第五批中国古村落名录。

(图片提供/熊宜超 曾召纯)

黄坪村

——黄金梨

黄坪村位于宣恩县城西北,是宣恩县椒园镇下辖的一个行政村,村委会驻黄家坪,因清朝年间来此定居的黄姓人居多,故名黄坪村。黄坪村南距宣恩县城8千米,北距恩施州府37千米,全村共12个村民小组556户2084人,面积约12平方千米,耕地面积4296亩,黄金梨为村主导产业。黄坪村的交通十分便利,209国道、恩来高速穿境而过。每天有公交车从宣恩县城到黄坪村往返,黄坪村是椒园镇乡村全域旅游重点开发的景区集散中心,为少数民族特色村寨。

黄坪村的文化活动主要是采莲船、薅草锣鼓等;自然、人文景观有高岩菩萨、观音岩、人造山、思毛湾、莲蓬坳、庙田庙地、狮子仙寺、刘神仙庙等。旅游景区有阿尼阿兹黄坪旅游区、张家洞(玉佛洞)、庆阳坝至黄泥塘古盐道、石林石洞、耕俗博物馆等。

1969年,宣恩县农业局派干部覃正笃到黄坪大队十小队搞水稻矮杆种植试验,品种是"泸3矮4""广矮3784"。

1971年,农业局又安排覃正笃到黄坪大队大坪上七、八两个小队搞旱粮生产试验。

1972年,黄坪大队七、八两个小队又被定为宣恩县旱粮种子基地,覃正笃又担当此重任,并根据农业局的安排,还组织了周代兴、黄再元等15人去海南岛繁殖包谷亲本(父本)种子。

20世纪70年代,覃正笃所驻的七、八两个小队,为了不误农时,不影响农业上的生产,他们组成"三治专班"常年干,农业生产稍闲时大突击。将坡土改造成水平梯田地,八小队队长姚树清也因此出席了湖北省劳动模范大会。

20世纪80年代,八组青年姚元翔、杨春江、李典新等自发组建农业科学技术研究小组,并与外地10多家科研单位及种植、养殖基地联系,引进了食用菌、蔬菜、瓜果等良种,带头试种示范,然后向农户发展。从此,黄坪村的种植结构以及生产方式开始起了变化。

时间跨入21世纪,改革开放的深入发展,也促进了黄坪村民的思想大解放,观念大转变,在调整产业结构中,他们抓住了国家实施天然林保护工程和退耕还林工程的机遇,黄金梨有机果品基地应运而生。

黄金梨是韩国用20世纪梨与新高梨杂交育成的新品种,由中国农业科学院中农春雨高科技股份有限公司最新引进。2003年10月,中农春雨公司在黄坪村推介黄金梨,建成黄金梨科技示范基地812亩。实行"公司+基地+农户",订单生产收购,销售平原地区,出口欧盟,抢占了比较大的优势。

2003年冬,时任黄坪村党支部书记李永开带领村支两委一班人,深入全村12个小组,宣传发动群众大力调整产业结构,率先发展黄金梨850亩。蔬菜500多亩,种草800多亩,养猪养羊2000多头(只),果、菜、畜已成为黄坪村的三大支柱产业。但是,因为缺水,发展速度缓慢,农民增收不显著。

2004年初,椒园镇党委、政府绘制了一个整村推进扶贫,实施"五改三建",黄坪村被列为首批建设村,首批投入70万元用于饮水工程建设。于是,全村干部和群众总动员,找水源,铺管建池,椒园水保站为其铺设主水管,农家自铺分水管引入家用水池。从此,全村人民用上了自来水。

黄金梨挂满枝头

姚元翔接任村支部书记后,在湖北省农业厅(现为湖北省农业农村厅)的帮扶下,黄金梨发展到1450亩。由农业部和湖北省农业厅支持建设的这个黄坪村,如今已成为全国新农村建设示范村。

黄坪村在摸索中开启了黄金梨触网之旅。一根网线,一台电脑,将黄坪村与外界连接起来,让藏在深山的美味黄金梨插上"电子翅膀",飞向全国。黄金梨专业合作社"触网",不仅促使农民增收,农业增效,更实现了小生产与大市场的对接。

　　黄坪村黄金梨专业合作社负责人姚元翔是黄金梨"触网"的受益者之一。他将黄金梨在网上售卖,合作社年销售黄金梨3000多件,销售额近30万元。网络销售让姚元翔尝到了甜头:"我们在网上卖的都是高端果种,12个黄金梨88元/箱,价格虽然比散卖贵一些,但我们的黄金梨果肉细嫩多汁,加上产品质量达到无公害标准,因而受到网友青睐与好评,完全不愁销量。更重要的是,以前梨子的销售半径只有100千米左右,而现在可以销往全国各地,让更多的人知道我们黄坪村黄金梨。"

　　黄金梨"触网",为梨农增收带来新途径,更开启了黄金梨与市场"零距离"对话的机会,为黄金梨销售打开了一条新路径。姚元翔说,通过网络电商平台,减少了流通层数,自然减少了流通时间和加价次数,让商品更高效、更新鲜地到达消费者手中,梨农也从网络销售中获得了很大的实惠。

茅坝塘村

——九子抱母·民间"神医"

茅坝塘村是珠山镇的一个行政村,位于县城东南 32 千米处,东临土鱼河村,南连高罗镇火烧营村,西接东门关和咸池沟村,北至界直岭和铁厂坡村。全村面积 13.55 平方千米,辖 10 个村民小组,村委会驻茅坝塘新街。

清朝实行塘汛营制时,茅坝塘设为塘汛,驻塘兵 5 人。因是古盐花大道连结点,这里增设铺递,有铺司 2 人。

茅坝塘村的亮点之一,莫过于小茅坝那棵白果树了。白果树,学名银杏,又称公孙树,属高大落叶乔木,树形优美,抗病害能力强。纵裂,粗糙;皮呈灰褐色,幼年及壮年树冠圆锥形,老则广卵形。叶扇形,基部木契形,有长柄,叶绿,入秋变金黄。雌雄同株,种子椭圆或近球形。果实营养丰富,有补肺、止咳、利尿等功效。它出现在几亿年前,是第四纪冰川运动留下来的裸子植物中最古老的孑遗植物,现存活在世的白果树少而分散,上千岁的老树已不多见,和它同纲的植物皆已灭绝,所以白果树又有"活化石"的美称,并与雪松、南洋杉、金钱松一起,被称为世界四大园林树木。我国园艺家将银杏誉为"园林三宝"之一,并把它尊称为国树。1985 年 7 月经武汉园林专家武惠珍总工程师鉴定,茅坝塘村小茅坝的这棵古银杏的树龄在 1500 年以上,是全国幸存的第一棵大银杏。

该银杏树高 29.8 米,树围 6 米,树基围圆 16.3 米,从空腐的根部隐约萌生出新株 17 棵,自然更新,几代同堂,组成树丛,呈群落之状。20 世纪 80 年代初,县林业局干部在办宣传橱窗时,见照片中的树丛是由数棵树围绕母树兜丛生在一起的,便欣然命名为"九子抱母",后被《湖北省宣恩县地名志》采纳,从此这丛古银杏的名字就叫"九子抱母"。

"九子抱母"一路走来,饱经沧桑,虽遇雷击、火烧、斧劈等天灾人祸,但仍坚韧挺拔，杆粗枝壮，生长旺盛，以其苍劲的体魄，独特的性格，清奇的风骨，较高的观赏价值和经济价值，受到当地百姓的钟爱和青睐。每年开花结果，可采收果实750千克左右。

"九子抱母"

这里的村民都有崇拜古树的习俗，当地人尊"九子抱母"为神树。如今，"九子抱母"已成为远近闻名的景观树。1989年，央视《中华之最》栏目曾予以报道。1999年4月，全国著名银杏专家、山东农业大学教授梁立兴先生考察该树后，赞叹不已，称"九子抱母"为"中华银杏第一奇观"。此后，县林业部门筹措资金，给"九子抱母"砌墙垒土，修建直径为10米的基座围台，加固树体根脚，不仅有利于树体生长发育，也方便游客观瞻"九子抱母"的真容和拍照留影。

随着乡村振兴战略的实施，茅坝塘村支两委依托优美的自然环境和优雅的人文风情，着力打造以白果树村民小组为中心的茅坝塘旅游风景区，修建了彩色公路，整修和美化了村民院落，种上了特色蔬菜，开办了"名城生态农庄"等多家农家乐。近年来，每逢节假日或闲暇之日，有不少游客慕名而来参观游览，山村红火了,昔日的"泥巴腿子"也做起生意来了。

具有一定历史文化底蕴的茅坝塘村,孕育了一代又一代的当地居民,也不乏有"凤凰""鹞子"人物,侯方池便是其中之一,当地人称他为"神医"。

侯方池,男,生于1843年,殁于1919年,享寿76岁。侯方池以治疗跌打损伤而闻名当地。茅坝塘村海拔1000米左右,在丛林和悬崖中,生长着数以千计的草药品种,侯方池从事草医,识草药800多种,跌打损伤外用秘方9种,内服药10种,接骨处方4种。据说,侯方池的秘方是祖先到"茅山学法,古岗州学打"而得到的。学法,即为治病的方法,学打,即为练习武功。侯方池之父侯怀照是一位武术高手和草药名医,他以"处人以身,修身以道,修道以仁"作为习武修身之道。他认为武功传得不好,如遇子孙不道德,就会惹出包天大祸来,有损侯氏名声和社会风尚。于是传授其子侯祝堂跌打损伤草药,武功就此失传。侯祝堂传至侯一国,侯一国传至侯玉书和侯玉川,侯玉书已故,如今仅侯玉川仍在坚守祖业,行走于山水林田间,全年接诊封刀接骨、五痨七伤患者200多人次。

利福田村

——红军桥·板栗园大捷

利福田村位于李家河集镇西北 17.5 千米, 板栗园集镇南 1.5 千米处, 为一个狭长的谷地, 谷长 6 千米, 谷势由南向北倾斜, 谷坡约为 60°的斜度。谷底到谷峰的垂直高度 80 米, 谷底最宽处约为 60 米, 最窄处约为 30 米。两山对峙, 形成一个口袋状。一条无名小溪蜿蜒谷中, 由北向南流入八州坝河, 经李家河注入酉水。谷中一条石板古道是咸丰县的忠堡到上洞坪、头庄坪、司城、板栗园、八州坝、李家河进入来凤县城和龙山县城的必经之路。小溪岸边为农田和民居。中华人民共和国成立前为一侯姓地主所占有, 农民交租纳谷, 高利盘剥, 故名利谷田。中华人民共和国成立后, 1953 年土地改革时改名利福田。

利福田村这片浸染烈士鲜血的土地极富灵气, 201 户的小村, 有耕地面积 600 多亩、林地 2500 多亩。精准扶贫政策实施以来, 该村共发展核桃 1000 亩、白柚 300 亩、巫山脆李 254 亩。

2020 年 1 月, 利福田村入选中国第一批国家森林乡村。

红军桥位于利福田村一组, 王家河沟西北, 桥面宽 2.72 米, 长 10.5 米, 桥面至顶 3.5 米, 垂距沟底 6 米。桥始建于清末, 原名木厂小桥、风雨桥, 因板栗园伏击战改名红军桥, 现保存完好, 是宣恩县进行革命传统教育的重要基地。桥横跨小溪之上, 两侧桥墩用鹅卵石砌筑, 桥头设步梯 14 级, 逐层内收, 形成弧形, 抬高了桥身, 具备良好的防洪、采光和通风作用; 圆枕木作为桥梁, 木板铺面, 桥上穿斗式悬山顶凉亭, 布瓦盖顶, 五开间, 两侧建有供路人歇脚的长条凳。桥两端古树环抱, 桥上的"龛子枋"和柱头上留有多处当年板栗园伏击战时的弹孔痕迹。该桥属于典型的民族风格建筑, 对于研究木桥建筑艺术和宣恩革命历史具有较高的实物参考价值和文物保护价值。

为纪念板栗园大捷 70 周年，2004 年 12 月，经宣恩县人民政府同意，由宣恩县民宗局筹措资金，宣恩县人民政府拨专款对红军桥进行全面维修。在这次修复中，对原部分桥面、桥柱、檩子等进行了更换，添制了新的瓦片，并在桥头重新立碑，详细记载了整个板栗园大捷的全过程，还在桥身两头做了保坎，并在原来的桥柱上留下的弹孔处做了标记。2008 年 3 月 27 日，湖北省人民政府将"红军桥"公布为湖北省重点文物保护单位。

红军桥

1935 年 8 月，红二军团军团长贺龙、政治委员任弼时决定利用敌八十五师由江西到鄂西情况不熟的有利条件，以伏击或截击的战法，求歼其于运动中。遂率部由龙山以东的兴隆街向沙道沟镇佯动。国民党军判断红军将打击由太平镇、高罗南下的三十四师或四十八师的一个旅，急令其停止前进，严加戒备。8 月 3 日晨，八十五师仍按原计划向李家河镇前进。此时，红军突然改变行动方向，由沙道沟镇附近山间捷径向西南急进，拂晓时赶至八十五师必经的板栗园东南利福田谷地设伏。

此役共缴获长短枪近千支，迫击炮6门，弹药600余箱，银元60000多块。

板栗园战斗的胜利，宣告敌人对湘鄂川黔苏区的"围剿"失败。这一时期，红二、六军团贯彻遵义会议精神，恢复和加强了党的领导。湘鄂川黔根据地的反"围剿"斗争的胜利，不仅牵制了数十万敌军，有力地支援了中央红军和四方面军以及其他苏区的斗争，而且保存和壮大了自己的力量，使以后的红二方面军发展成为红军三大主力之一。

板栗园大捷纪念碑，位于利福田村四组乌龟堡，坐西朝东。碑全部用大理石贴面，由基座、主碑、红五星三部分组成。基座高4米；碑高19.35米、宽8.3米；红五星高2.5米，合计高25.85米。碑面正刻"板栗园大捷纪念碑"八个金色大字，由原空军副司令员王定烈亲笔题写；碑上刻有贺龙、王震同志关于板栗园战斗的访谈摘录，红二、六军团组织序列和将帅名录，以及在此战斗中牺牲的宣恩籍战士名单。中共宣恩县委、县政府在板栗园村修建板栗园大捷纪念碑，以此纪念1935年8月3日红二、六军团取得板栗园伏击战的胜利。纪念碑于2004年月10月动工修建，2005年5月竣工。纪念碑是宣恩县继承和发扬革命传统，进行爱国主义教育的重要基地，有着深远的历史和现实意义，具有文物保护价值。

2005年6月14日，为了纪念当年红军在这里的英勇事迹，也为了隆重地纪念板栗园大捷70周年，当地举行了纪念碑揭幕仪式。巍然耸立的纪念碑与廖汉生将军亲笔题写的"峥嵘岁月，血肉情谊"八个遒劲大字互相辉映。

2018年11月1日，陈毅元帅的儿子陈昊苏和任弼时将军的女儿任远芳参加"中国红色文化研究会湖北工作委员会庆祝改革开放40周年暨红色荆楚大穿越"活动，到恩施州考察红色文化情况，追寻革命前辈的足迹，专程来到板栗园大捷纪念碑处凭吊革命先烈。

板栗园大捷遗址利福田及其红军桥、纪念碑，成为远近闻名的爱国主义教育基地。每年清明节，人们接踵而至，缅怀革命先烈，追忆光辉历史，给先烈们敬献花圈，进行革命传统教育。前来凭吊革命先烈的人群，或在纪念碑前肃立默哀，或在旧址前驻足沉思，或重读入党誓词，不忘初心，牢记使命。

板栗园大捷成为红军战史上"以少胜多,以弱胜强"的光辉范例,被载入《中国工农红军第二方面军战史》。红军烈士尹成儒、张回华就是利福田村人。整个战役相关资料被中国军事博物馆收藏，战史编入军事教材。

（本文图片提供 / 谭文）

界直岭村

——砂陶煤厂

珠山镇东南 25 千米处,有一个云雾缭绕的秀丽山村,它叫界直岭,是珠山镇的一个行政村。该村东临土鱼河村,西接铁厂坡村,南连茅坝塘村,北至狮子关村。全村面积 11.27 平方千米,辖 12 个村民小组,1100 人左右。

这里是二高山,雨量充沛,植被茂盛。早在清雍正和乾隆时期,先后有黄姓、陈姓分别从贵州铜仁、摸乃洞迁来宣恩鱼泉口、茅坝塘、洗马坪等地居住(旧时周围村落统称茅坝塘)。到了嘉庆年间,黄、陈两大家族瓜瓞绵绵,人丁兴旺,两姓人为地界产生矛盾。想到白帝天王是湘鄂川黔边界地区人民的共同信仰,遂约定做一尊白帝天王神像,请人抬着沿着山梁走,随天意定界。走着走着,走到一个山岭处,抬神像的杠子突然断了,两姓人认为这就是天意,决定就以此山岭为界,当时叫界志。两姓人又在这里修了一座庙,里面供奉白帝天王神像,叫天王庙,这山岭就叫界志岭,后来就称为界直岭了。

从此以后,黄、陈两姓人和后来迁来的其他姓氏和睦相处,共建家园。清光绪年间,覃家坪竹园坝一黄姓人在界直岭发现煤层上面有一层似紫非紫的泥巴,他就在这种泥巴中添一些煤渣用臼舂细后,成功试制出一种烧茶用的砂罐。后来又烧制砂锅、鼎罐、砂炉等餐具,艺传陈姓,也传其他姓,陈姓为门内弟子,当地人称该黄姓人为砂陶祖师。到了 1933 年,界直岭的砂陶生产已初具规模:砂陶窑子六七口,每口窑子三四户人家共用,从业人员达五六十人,烧制产品四五万件。当时生产产品较多的有陈显春、郑从清、胡元春三家的窑子,一轮(5 个月)一口窑子可烧制各类砂陶产品 1 万件左右。当地名师高手有陈显春和胡元春,他们制作的产品,不仅外形好看,规格一致,而且烧制质量上乘,称之为"上货"。抗日战争时期,省府机关西迁恩施,界直岭砂陶产品年产量达六七万件。

1944年，镇关乡公所为弥补财政之不足，投资1.5万元在界直岭开办了一个简易砂陶厂，配行管人员3人，雇请工匠18人，一轮烧制砂锅、砂炉7500套，大小号砂鼎罐各1000个，年盈利9000元。

砂陶产品多为餐饮用具，如用于炖、煮的砂罐、砂锅。过去不少餐馆的卤罐，大都用界直岭的砂鼎罐。用于烧火锅的砂炉子，具有亮火、保氧、节约燃料等优点，深受老百姓欢迎。

砂陶产品的销售方式灵活多样。中华人民共和国成立前，得益于"挑二班子"。每年冬天，每天来界直岭的"挑二班子"川流不息，多则上100人，少则五六十人，有时候还供不应求。遇到领不到货的"挑二班子"，就帮窑老板做小工，等到货一出窑，立马挑货出发。这些"挑二班子"，有的走村串户叫卖，有的赶"转转场"摆摊设点卖，有的挑到四川涪陵、湖南常德、湖北宜昌等地交到当地砂陶老板，由老板支付力资。除此而外，窑老板还推出以物资换产品的方法，即附近老百姓可以用粮食、布疋、畜禽等协商兑换砂陶产品，这样既销售了砂陶产品，又方便了老百姓的生活所需，是一种以物换物，供求互利的营销方法。后来，主要依托各级供销部门的城乡网点和汽车货运公司，内销全县乡村，外销湘、鄂、川、黔边界地区。

砂陶这一传统产业，在界直岭生存100多年。中华人民共和国成立后，每年产量保持在四五万件，就在20世纪80年代初期，仍有10余户农家从事砂陶产业，年产三四万件产品。随着社会的发展进步和生产生活方式的改变和国家战略方针的转移，这项传统产业已消失在改革开放的惊涛骇浪中。

界直岭不仅地表的黑紫砂泥为百姓造福100多年，地下还蕴藏着被誉为黑色金子、工业食粮的无烟煤矿。1960年，宣恩县人民政府在界直岭创办了宣恩县界直岭煤矿厂，这是县境内开办的第一个国营煤炭企业。

界直岭煤矿厂的建设经历了一波三折。1960年9月建厂后，开掘矿井一对，由于设计不周而报废；1961年又掘矿井两口，由于交通条件不好，于10月份停建，改为烧制砂陶。1962年修通了厂部至茅坝塘公路，交通条件得到改善，煤厂建设又提上议事日程。1963年又重新勘察设计，探明煤矿储量为28万吨，可开采量23万吨。据此，定基建规模为年产煤6000吨。当年3月重开矿井2口，掘进335.8米后，产煤252.71吨。经分析认定，煤层太差，无开采价值，于1964年10月果断停办。1960年到1964年的4年中，煤厂历程三建三停，国家累计投资30.7万元。

火炉子（吴云梦 摄）

停产10年的界直岭煤矿厂，于1975年进行第二次建厂。4月份，县工业局组织9人再次去界直岭掘井探视煤层厚薄。掘井250米处发现煤层厚，质量好，煤层厚度为2～7米，有开采价值。于1976年6月30日正式再建界直岭煤矿厂，8月开始基建，掘矿井一对，设计年产原煤6000吨，1977年8月18日正式投产，当年产煤4784吨。1982年，国家煤炭部将界直岭煤矿厂列为国家重点技术改造项目，投资72万元，3年建成年产煤3万吨的煤矿厂。1985年，原煤产量达到3704吨，产值8.15万元。

从1990年起，企业认真抓采煤技术革新，重点改造革新采煤方法，实现了"三个下降"和"三个上升"，即炸药、电力、坑木消耗三下降，总产值、销售收入、利税三上升。

20世纪90年代中后期，宣恩县界直岭煤矿厂在企业改制的潮流中完成了自己的历史使命。

塘坊村
——"塘坊早"·滚龙连厢

塘坊村是李家河镇的一个行政村,位于李家河集镇西南,辖5个村民小组,以塘坊坳得名。全村90%为土家族人,有少量的苗族人、回族人。全村耕地面积1320亩,主产水稻,特产柑橘"塘坊早"闻名于世,209国道和恩来高速穿村而过。

塘坊村的四坝水建有李家河民族中学(思源中学)和塘坊村易地扶贫搬迁集中安置小区。

原李家河公社塘坊大队柑橘场,是一片岩坷地,海拔不到500米,气候、土壤适合发展柑橘。以前种植粮食,产量很低,栽用材林也不合算,于是趋利避害,全部改为种植柑橘树,经济效益很好。例如四队有块地60%是岩坷,以前只能栽种红苕,年产值不过1000元,后来划到柑橘场,全部栽上柑橘树,挂果以后年收入数万元。因其早熟,取名"塘坊早"。"塘坊早"柑橘是塘坊村在20世纪70年代在温州蜜柑中选育出的早熟、丰产、质优、执寒的蜜柑,曾荣获农业部"优质农产品"及历届湖北省"优质水果"美称,享誉全国。也因此,自20世纪80年代以来,为李家河镇成为"恩施州柑橘第一乡"的美称作出不可磨灭的功劳。

1984年4月7日,时任中共中央总书记胡耀邦一行视察鄂西,途径柑橘场,作短暂停留,听取了当地领导人的工作汇报。他说:"就是要根据自己的特点,找到一条脱贫致富的道路。"

塘坊村村民王超以前一直在上海为某旅游公司开车,经常载旅客到农家乐、休闲农庄、农夫果园去观光、游览,见识多了,想到村委会后面的500亩荒废的橘园,又想到家乡的"塘坊早"蜜橘个大、皮薄、汁甜,每到收获季节,常有外地客商大车小车前来收购。"何不回乡建果园？既富自己，又富乡亲。"他将想法告诉同村好友王友林，两人一拍即合，于2015年7月23日成立塘坊生态四季果园家庭农场，承包原村委会后面的500亩橘园，"塘坊早"重现活力。

滚龙连厢创始人周树庭，土家族，生于1921年，宣恩县李家河镇塘坊村人。1935年曾参加贺龙部队，后因染病掉队。因年少无以为生，遂拜流落该地的湖南花垣艺人杨云清为师，学打霸王鞭和莲花落，学成后，即将两艺融合为一，活动于湘黔边界等地。中华人民共和国成立后，周树庭从"欢喜得打滚"这句宣恩俗语中的"打滚"二字诱发出灵感，联想到自己过去卖艺乞讨时，因石头绊倒在地，险些砸掉饭碗，幸好灵机一动，顺势就地打滚，方免出丑的情景，于是萌生出用打滚的动作来打连厢，以庆翻身。

1952年底，为准备第二年的春节拜年汇演，周树庭邀约同村好友向友志等一同学打连厢，并创造性地糅进了杂技和南戏中的部分武功，使连厢、莲花落随舞者有机地在地上翻滚，将唱、打、跳、滚融为一体。他们经过数日的钻研苦练，表演套路初见雏形。表演中，其唱词唱腔在动情时，催人泪下，抒情时轻松悠扬。其道具的舞动，配合跳跃翻滚时，不仅节奏鲜明和谐，且如巨龙翻身，令人眼花缭乱。

滚龙连厢的部分唱词如下：

正月就把连厢打，柳莲花呀柳莲花呀，
二月就把风筝扎，柳哇哩咚啷当海棠花，
三月就把谷种下，柳莲花呀柳莲花呀，
四月秧苗田中插，柳哇哩咚啷当海棠花，
五月龙船下河坝，柳莲花呀柳莲花呀，
六月扇子手中拿，柳哇哩咚啷当海棠花，
七月月饼无芝麻，柳莲花呀柳莲花呀，
八月十五赏桂花，柳哇哩咚啷当海棠花，
九月重阳打糍粑，柳莲花呀柳莲花呀，
十月就把霜来打，柳哇哩咚啷当海棠花，

冬月就把大雪下，柳莲花呀柳莲花呀，

腊月就把年猪杀，柳哇哩咚啷当海棠花。

1957年，滚龙连厢被选入京，参加全国第二届民间音乐舞蹈调演，受到毛主席、朱总司令、周总理等领导的赞扬和肯定，国际友人翘指叫好。1964年，周树庭被选往天津参加全国少数民族文艺调演。1977年，湖北电影制片厂来宣恩拍《山花烂漫》艺术纪录片时，特邀请周树庭为连厢顾问。1980年，周树庭加入湖北省舞蹈家协会。1986年，周树庭和业余文艺爱好者段吉奎又被县民委、县体委邀请将滚龙连厢作为民族体育项目一道参加了乌鲁木齐举行的第二届全国少数民族运动会，并获表演三等奖。同年，县群众文化馆干部王庭梅等用滚龙连厢形式，创作《牧童嬉》三人舞，获湖北省业余文艺调演创作三等奖。

1997年，来凤县首届民族艺术节，周树庭的滚龙连厢获得艺术节五个奖中的最佳个人奖。

千人连厢广场舞（谭文 摄）

周树庭老艺人所创的滚龙连厢，不仅为宣恩的民间艺术增添了新的舞种，为宣恩乃至恩施州的民间舞蹈和民族体育的发展创新提供了思路，而且更为推动群众文化事业、发展民间艺术、服务于社会做出了重要的贡献。

滚龙连厢，以其活态传承的多样而有效的形式，舞热宣恩城乡，成了宣恩县乃至恩施州民族民间舞蹈的代表性作品之一。

因为滚龙连厢集唱、打、跳、滚等动作为一体，老少皆宜，已成为宣恩中小学的特色体育课、课间操的内容之一，也是城乡广场上一道亮丽的风景。

2007年，侯安星被县政府命名为宣恩县第一批优秀民族民间艺人，是滚龙连厢绝艺表演和活态传承的领军人物。2010年，侯安星被确认为省级非物质文化遗产滚龙连厢绝艺传承人。

2009年6月，滚龙连厢列入湖北省非物质文化遗产名录。

箭竹坪村

——榨油坊

箭竹坪村地处李家河镇西北部,距李家河集镇 25 千米。西至来凤三堡岭村,东至中大塆村,南至茅坡村,北至楠木园村,面积 7.87 平方千米。清乾隆初,姚氏先祖从贵州铜仁迁居于此,见群山中有一块平地长满箭竹,故取名箭竹坪。

姚氏先祖在箭竹坪定居后,尹姓、侯姓和周姓人也先后来到此地,他们开荒种地,修屋造房,和睦共处,一代代繁衍生息。由于这里土地贫瘠,粮食产量低,开垦的荒地,给财主交了租税外,所剩无几。

俗话说:"天生一人必有一路。"箭竹坪的群山中,有很多油茶树、漆树和木梓树,油茶籽、漆树籽、木籽都是榨油的原材料。箭竹坪村的农户每到秋天,等这些油料果子成熟后,就采摘晒干,背到附近的油榨坊出售,或换回食油自己吃,改善一下生活。

到了清末民国初年,这里开始种植油菜、花生。自开始种植油菜和花生后,附近的榨油坊一到收获季节,人来人往忙个不停。榨油要按次序排队,有的人从早上等到天黑才轮到。

榨油坊很吃香,有个侯姓的村民,提出在箭竹坪合伙开座榨油坊,其他几姓村民也积极支持。开榨油坊不是一件容易的事,既要有本钱,又要有技术。本钱不够就几姓入股,他们首先请榨木匠,榨木匠可不是随便能请到的,榨槽和插尖十分精细,一般木匠做不出来,勉强做出的榨槽出油率低,有的甚至不出油。能做榨油槽的木匠,鄂西境内少之又少。他们在百里之外请来榨木匠,就上山采伐上等优质木料做榨木,接着又请石匠打碾槽,请铁匠打钢箍,花了半年时间,箭竹坪村的榨油坊终于建成了。

榨油坊的物件主要有主榨、土灶、碾槽、石磨、铁箍等。榨坊为穿斗式，三开间：一间放主榨，一间放石磨、土灶，另一间设石碾坊（有的榨油坊的石碾坊另设地方）。榨油有如下10道工序。

祭祖师：每年立秋或立冬是"法定"的榨油开工日，老师傅要带领榨工和在场的榨油客户，点蜡烛，燃起红香，虔诚地在赵公祖师神位前，三跪九叩，求菩萨保平安，多出油。

剥晒籽壳：将田里收获的菜籽放在干净的篾制晒席里晒干。油茶籽和其他几种油料果子也要晒干去壳。

炒制油料籽：将晒干的菜籽倒入土灶上斜放着的铁锅里，用翻籽板翻动，炒制成茶黄色，舀出倒在晒席中摊凉。其他几种油料籽也照此法炒制。

上磨初碾：把菜籽倒入石磨，用人力拉动"磨搭勾"，带动石磨上的磨盘，将菜籽碾成粉末状。其他油料果籽也都要用石磨和石碓碾细。

入碾粉碎：将菜籽粉或茶子粉等均匀地铺入碾盘的碾槽内，用畜力带动碾架上的石磙碾压，再次加工。碾盘所有构件都由优质木料制成，做工精巧，既实用又美观。

上甑蒸熟：菜籽或茶籽、漆籽等碾成粉末后，必须用木甑蒸熟。将碾槽内的粉末装入一只大木桶形的"甑子"，要在甑子里垫稻草。甑子放在灶台上的铁锅内，锅内装满水加热，灶膛内添加柴火，不能加实，要空心，让木柴完全燃烧。一直蒸得木甑大冒热气，这时整个榨油坊雾气腾腾，芳香扑鼻。

打胚分包：用稻草垫底，将蒸熟的粉子填入圆形的铁箍中，做成胚饼。

放槽插尖：将菜饼或茶饼一块块整齐地码放在主榨的榨盒内，用码子（木楔）挤紧。

开锤榨油：把菜饼放入榨盒，靠人工的压力把油榨出来。把木楔打进去是最精彩的场面，称之谓"打油"。具体操作是：在屋檐下横吊着一根大碗粗细、长5米多的木杠，一端戴上"铁帽"就成了撞锤，利用荡起的惯性力量撞击油榨加进的码子，用撞锤敲打，根据需要随时添加码子，在巨大的压力下，菜油或茶油、漆油、花生油，顺着槽眼流出。荡起撞锤要费力气，即使是深秋，榨油师傅也大汗淋漓。开榨时,掌锤的师傅执着悬吊在空中的撞锤,唱着有节奏的号子,在助手的应和下,将撞锤稳稳地撞到槽盒上的"尖子"上。由于木质榨盒共鸣声极好,撞锤与"进桩"的撞击声,有如长鸣的金钟,顿时与阵阵油香搅缠在一起,从油坊里飘荡出来,让人陶醉。

挤压取油:多个师傅手执悬吊在空中的木撞锤,有节奏地不断撞击中,被挤压的油胚饼便渗出一缕缕金黄色的清油,汇集到榨盒里,再从榨油孔中流出,清香透亮,芳香扑鼻。整个榨油流程需要 7～8 小时。

箭竹坪村榨油坊的生产工艺及设施古老,所有操作过程全部靠人力和畜力(石碾)完成,从榨油坊建成以来,其设施和工艺流程没有改变,保持了原有的形态和民族特色。

榨油

箭竹坪村榨油坊,是鄂西地区现存数量不多的传统手工榨油坊之一,对于研究土家族、苗族、侗族的生产和习俗具有十分重要的意义,现已列入第五批湖北省文物保护单位。

参考文献 Reference

[1] 宣恩县志编纂委员会．宣恩县志[M]．武汉：武汉工业大学出版社，1995．

[2] 陈绍义．宣恩土司概观[M]．武汉：湖北人民出版社，2006．

[3] 张良皋．匠学七说[M]．北京：中国建筑工业出版社，2002．

[4] 张良皋，李玉祥．乡土中国·武陵土家[M]．上海：生活·读书·新知三联书店，2001．

[5] 杨再彪．苗语东部方言土语比较[M]．北京：民族出版社，2004．

[6] 龙顺成，杨华．宣恩苗语[M]．武汉：湖北人民出版社，2008．

[7] 田长英．宣恩民间建筑[M]．武汉：湖北人民出版社，2006．

后记
Postscript

  由政协恩施州委员会编撰的"恩施州传统村落历史文化丛书"之《宣恩县传统村落》一书，经过两年多的努力，现在正式与读者见面了。全书分为概述、"走近"和"遗珍"三个版块。"走近"收录12个传统村落，"遗珍"收录14个传统村落。

  宣恩县现有"中国传统村落"15个，按公布的时间和排序，第一批（2012年）为椒园镇庆阳坝村、沙道沟镇两河口村，第二批空缺，第三批（2014年11月）为长潭河侗族乡两溪河村、晓关侗族乡野椒园村，第四批（2016年11月）为长潭河侗族乡白果村黄家寨、高罗镇大茅坡营村，第五批（2019年6月）为椒园镇水田坝村、沙道沟镇大白溪村、药铺村、李家河镇中大塆村、高罗镇蜡树园村、清水塘村、万寨乡金龙坪村、晓关侗族乡中村坝村、骡马洞村。还有"中国少数民族特色村寨"8个（大多与"中国传统村落"重合）。

  本书从2018年10月开始编纂，那时第五批9个村尚未公布，所以我们只得在已公布的6个村之外，选取了本县其他有特色的传统村落编入正文部分。根据政协恩施州委员会制定的编撰框架，我们选取另外一些有价值的传统村落，连同尚未编入"走近"部分的"中国传统村落"，作为"遗珍"予以罗列。将这些情况在此说明，旨在避免引起读者以及所涉及乡镇领导和民众的误解，如有不妥，敬请谅解。

遵照相关政策规定，政协宣恩县委员会通过询价采购方式，遴选湖北民族大学民族学与社会学学院作为编撰本书的项目责任单位，具体负责实施编撰的各项事务。

我们推荐一批熟知本县历史人文并具备较强写作能力的文化人作为撰稿人。他们大多是德高望重的退休老干部、老教师，也有在职在岗的公职人员。田长英、吴明清、张建平、刘吉清、陈绍义和湖北民族大学教授张连海负责正文部分12个传统村落的撰稿；刘吉清、陈绍义、谭文、吴荣棠负责附录部分14个传统村落的撰稿。他们接受任务后，多次深入相关传统村落进行田野调查，挖掘素材，整理资料，撰写初稿。初稿完成后，由刘吉清、陈绍义、谭文、吴荣棠、叶贵儒、黄世平对"走近"部分进行了三轮审读，提出修改意见；"遗珍"部分的撰稿人互相审读并提出修改意见，县政协文史委统筹，将修改意见反馈给撰稿人反复修改订正，最终成就了这样一部比较全面地展现宣恩县"中国传统村落"历史风貌和现状及保护、开发、利用前景的著作《宣恩县传统村落》。这个过程十分艰辛！参与这项工作的同志们付出的极大辛劳和作出的突出贡献，前言中已作了详细描述和中肯评价，在此不再赘述。作为专司文史资料编撰工作职责的县政协文史资料委员会，特向为本书顺利付梓劳心费力的同志们致以崇高敬意和衷心感谢！

编纂《宣恩县传统村落》是一项宏大的文化工程，若要确保高质量完成，本属不易，且囿于资料的缺乏、写作水平的限制以及其他种种因素的困厄，本书的疏漏之处和不尽如人意的地方在所难免，敬请广大读者和专家批评指正。

宣恩县政协文史委
2021年10月